逆袭为王

今心 著

中国商业出版社

图书在版编目（CIP）数据

逆袭为王 / 今心著. -- 北京：中国商业出版社，2018.3
ISBN 978-7-5208-0255-0

Ⅰ.①逆… Ⅱ.①今… Ⅲ.①成功心理–通俗读物
Ⅳ.① B848.4-49

中国版本图书馆 CIP 数据核字（2018）第 032058 号

责任编辑：朱丽丽

中国商业出版社出版发行
（100053 北京广安门内报国寺 1 号）
010-63180647 www.c-cbook.com
新华书店经销
大厂回族自治县正兴印务有限公司
*
720 毫米 ×1000 毫米　1/16 开　12.5 印张　170 千字
2018 年 6 月第 1 版　2018 年 6 月第 1 次印刷
定价：39.80 元
****
（如有印装质量问题可更换）

前言 / preface

没有百分之百的顺风顺水，
人都是在失败中逆袭生长

如今，很多年轻人都自诩为"屌丝"，感叹自己生不逢时、运气不好，心甘情愿地碌碌无为。可是，一个人的出身、家庭的贫富等不应该成为成功路上的最大障碍，平凡不可怕，可怕的是心甘情愿地维持平凡状态。古往今来，很多英雄豪杰的出身并不比普通人好多少，甚至还特别差，但他们通过自身的不懈奋斗，最终成就了一番伟大的事业，实现了自己的人生价值。这就告诉我们，没有家世背景，没有巨大财富，一穷二白，白手起家，照样也能成功。

没有天生的王者，马云历经过三次高考失败，依然成功逆袭为中国首富。

J.K. 罗琳曾经是一位正牌屌丝。婚姻失败后，罗琳和几个月大的女儿相依为命，但她创作的《哈利·波特》全球畅销2000多万册。

赖世雄，上高中时英语成绩差得一塌糊涂，但后来却成功逆袭为常春藤英语出版社的创始人，成功获得美国明尼苏达大学大众传媒与英国教学双硕士学位。

陈欧来是名普通的快递员，但他有着自己的梦想，一步步出发，坚定不移地走下去，成功逆袭为聚美优品的CEO。

刘伟因意外失去双臂，但他并不消沉，数年如一日用脚弹琴，最终成功地站在了维也纳金色大厅的舞台上。

……

这些人的成功无一不让我们心生佩服和敬仰，同时又觉得有些东西离自己太远，其实他们都是社会上的普通人，不太聪明，不太有钱，没有强悍的老爹，也没有靓丽的容颜，但他们却能竭尽全力去拼命，始终相信自己的努力总有一天会得到所有人的认可。

对于我们来说，逆袭不是虚无缥缈的，无论你多么渺小，只要你肯努力、只要你愿意拼搏，就能书写出不一样的神话。人生没有百分之百的顺风顺水，人都是在失败中逆袭生长。重要的是不要放弃自己，只要盯紧目标，不断地向着人生完美的方向努力，终究有一天，你也会实现人生的逆袭，实现自我的华丽转身。

雨后的某一时刻，一只蜘蛛在墙上艰难地向它那支离破碎的网爬去。可墙面非常湿，总是爬不上去。然而，蜘蛛一次又一次艰难地爬起来，继续向上爬……看到雨后的蜘蛛，有人认为蜘蛛就像现在的自己，终日忙碌，虽然辛苦，但依然无法达到自己的终点，于是就会选择自我消沉；有的人则会被蜘蛛的屡战屡败所感动，让自己变得坚强起来。你的未来会怎样？完全取决于你的态度。无法正确面对生活中的挫折，也就没有资格去羡慕别人的成功，更没有资格哀叹自己。

人生道路注定不是一帆风顺的，没有谁生下来就是成功者。所谓的王者，只不过是在困难和失败面前，成了"打不死的小强"，无论经历多少次失败，他们都会再次站起来。可以说，他们的成功，不过是因为站起来的次数比失败的次数多了一次。

人的一生，就是奋斗的一生。在这有限的生命里，每个人都会遇到各种各样的困难。正如网络上所言："人生就像心电图，一帆风顺，就说明已经挂了。"这也在警醒我们，在人生成长的道路中，谁都会遇到困难，谁都会遭逢坎坷；在生命长河里，有些暗礁和险滩，注定是绕不过去的。所谓的成功者，只不过是在人生的低谷中勇敢地站起来，面对困难，一直朝着自己心中的梦想而努力奋斗。

现实中，人人都渴望成功，不愿品尝失败的苦涩。但是，人生之旅就是一个失败与成功不断交替的过程，在这条道路上，有玫瑰就有荆棘。要想摘得漂亮的花儿，就必须经得住荆棘刺痛。"不经一番寒彻骨，怎得梅花扑鼻香"，不经历失败的磨砺，怎会摘得成功的花环？

很多人之所以害怕体会失败的滋味，主要是担心自己被失败情绪笼罩太久，渐渐失去奋斗的动力。要知道，今日的败局不一定是死局，更不代表明天的命运。在成功的道路上，即使跌倒了，也不要紧，只要重新站起来，就能跨过失败，成功实现自我逆袭！

世上没有绝望的境地，只有对处境绝望的人。面对困境，如果打算破釜沉舟、背水一战，就要敢于放手一搏；缩手缩脚、胆小怕事，最终必将变得不知所措。顽强的人总能在困境中看到希望，生命的价值自然更会不同于其他！

第一章　庆幸你不是含着金汤匙出生的

抛开世俗成见，别让它们误导你 / 2

我们之所以活着，就是为了创造 / 5

与其抱怨，不如加油 / 7

充实的奋斗好过空虚的享受 / 11

耐心等待，好机会终会属于你 / 15

聪明是把双刃剑，抖机灵是你的致命伤 / 18

错就错了，你的理由只会让你错上加错 / 21

只要奋斗的方向正确，成功也就有可能 / 24

第二章　你的人生独一无二

生命中遇到的所有问题，都是为你量身打造的 / 30

每朵花儿都有不同的风骨，何必盲目比较 / 33

步人后尘者，必会走向死胡同 / 36

经得起考验，才能被拣选 / 39

结果不重要，重要的是你的体验 / 42

不要把他人追逐的理想作为自己的目标 / 45

与其羡慕他人，不如多些努力 / 48

与其心生嫉妒，不如做些自省 / 50

若想成事，必先自成 / 54

第三章　没有规划的人生不值一过

只有了解自己，才能知道自己适合做什么 / 58

不管想成为什么，都要先去了解你的目标 / 60

为自己尽早设定一个人生目标 / 63

目标分阶段，实现起来更容易 / 66

确立人生目标，眼光应该放长远 / 69

设定的目标要比自己的能力高一点 / 71

确立目标，制订一份实施计划 / 74

实现目标的过程中，发现问题及时调整 / 76

既然认定了目标，就要坚持到底 / 79

第四章　投入你的热情

成功逆序，明确目的最重要 / 82

对人生失望是失败的开始 / 85

专注是一种穿透障碍的能量 / 88

唯有热情可以融化冷漠 / 90

深入，才能看见别人看不见的机会 / 93

把工作当成愉快的带薪学习 / 97

改变心情，就能改变工作的结果 / 100

为个人价值而不是价格工作 / 103

逆袭者都在为事业而不是为工作奔波 / 106

第五章　行动是创造奇迹的关键

执行力的强弱决定事情的成败 / 110

行动起来，每一次精进都有喜悦 / 113

事情一旦决定，立刻付诸行动 / 115

遇到问题，果断处理，方能减少损失 / 118

要想获得高成就，就要主动率先行动 / 121

在小事上主动一些，一切都会变得美好起来 / 124

在规定的时间内完成工作，不拖拉 / 127

一次只做一件事，方可提高做事效果 / 130

不要给自己留退路，说什么"以后还有机会" / 132

第六章　时间是最好的魔法师

在有限的时间里，让自己养成好习惯 / 136

像植物那样在岁月中成长 / 139

工作的过程本身就是一种奖赏 / 142

碎片时间做碎片化的事情 / 145

只有学会说"不"，才能得到时间自由 / 148

分清主次，重要的事情要先做 / 151

抓紧时间，今天的事情今天做 / 153

成大事者必早起，懒惰者必输 / 156

管理好自己的时间，就能得到机会 / 159

第七章　王者无敌

耐心，也是奋发向上的一大关键 / 164

内圣外王：做自己就是成功 / 167

真正的王者都能自我超越 / 169

耐得住寂寞，高处不胜寒 / 172

历经磨难后，方能横空出世 / 174

用忧患意识，鞭策自己不断前进 / 177

勇气，智者逆袭成功的第一步 / 179

意志坚定，方得始终 / 182

成功者，终归都是"疯子" / 185

附　录 / 189

第一章

庆幸你不是含着金汤匙出生的

抛开世俗成见，别让它们误导你

成功究竟是什么？对于问题的答案，相信每个人心中都有不同的标准。有些人比较看重金钱，有些人更看重名利。但是最基本的原则是：不论处于什么岗位、身在什么境地，都能保持一颗初心，不屈服于强权，不媚俗于社会，在一定意义上来说，你就是成功者。

抛开世俗的偏见及观念的束缚，不走寻常路，不随波逐流，选择另一条途径，就等于迈出了成功的第一步。

从草根到帝王，明太祖朱元璋的奋斗史，简直就是中国古代史上成功逆袭的奇迹。

朱元璋是中国历史上少有的布衣皇帝，生活在元末暴政下的他，生活悲惨。朱元璋家祖上虽然人丁兴旺，却备受统治者的剥削，不得不被迫背井离乡。之后，宜昌发生瘟疫，父母和哥哥相继离世。看到家人死无葬身之地，朱元璋真正体会到了人生的绝望。

这时候的朱元璋没有什么大志向，为了养活自己，他到一所寺院做了小沙弥。没想到没过多长时间就开始闹饥荒，庙里很快就断了粮。朱元璋离开寺庙，四处要饭。当时，乱象四起，农民起义此起彼伏，迅速在大江南北蔓延开来。原本朱元璋并没有参加起义军的打算，他觉得能吃上饭、活下去就行，起义是造反，自己可不想丢了脑袋。但之后一封儿时玩伴的来信，彻底改变了他的想法。

这个玩伴叫汤和，他在信中告诉朱元璋，自己参军了，管着上百人，劝说朱元璋来投军。自此，朱元璋就踏上了逆袭之路，同时确定了自己的人生志向——让人人有饭吃。公元1368年，朱元璋在南京登基称帝，国号大明。

从一个小小的放牛娃，到小和尚，再到投身义军，直至开创了一个王朝，朱元璋成就了一个伟大的传奇。他的个人经历是传奇的，更是励志的。通过他的故事可以发现，要想成功逆袭，就要找一条最适合自己的路来走，找到自己最想做的事，然后全身心地投入进去。每个人都心怀一颗躁动的心，只不过随着社会的打磨，一些人逐渐失去了自己的棱角，就把那颗不安分的心也失去了。

历史上的成功人士，他们在年轻的时候比同龄人要活泼，甚至在一些人的眼里还是"不守本分"的人。当别人都在本本分分日复一日做着相同的工作时，他们却闪现出了与众不同的看法，逆社会规则而上，做着"不守本分"的事儿。

他们为什么敢这样呢？因为他们知道，社会结构在于延续和稳定，既然生存在这个社会上，就要学会遵守社会规则，不能太出格；但仅仅日复一日地循规蹈矩，是无法吐故纳新的；不破不立，要想在规则中脱颖而出，就要勇敢地打破一些社会规则——这才是精英的标准。

当然，事无绝对，不是所有打破规则的人都可以获得成功的，但是想要获得成功，就一定要具备这种不安分的气质。人挪活，树挪死。动，然后才有机会成功；不动，一成不变，裹足不前、不思进取，这样的人也就没什么大前途。

人生的历程是有规律可寻的，只要按照规律行事，就有机会获得成功！只是有些人被自己的观念或世俗的眼光束缚住了，自然也就失去了获取成功的机会，或者说根除了他成功思想的种子，没有机会成为一个真正的行动派。要想获得成功，就不能太在意世俗成见，要做最真实的自己。

每个人都认为自己能够理解别人，每个人都是按照自己的标准衡量世界的运行法则甚至权衡他人的得失。世俗的成见受到挑战者冲击，就会抱团取暖，对挑战自己的事物进行反扑。而这也是阻碍前进步伐的根本原因！一句话，自以为是的世俗成见就是成功路上的绊脚石。

很多人都听过作茧自缚的故事：

蚕匍匐在翠绿的叶片上，从口中一点一点地吐出蚕丝，再一点一点包裹在自己身上，直至浑身裹满蚕丝动弹不得。是不是很可笑？蚕在自己的窠臼中难以挣脱，很多情况下我们是不是就像蚕一样，被自己的蚕丝束缚而止步不前。如果想要成功，就要冲破束缚，从习惯的窠臼中挣脱出来。在冲破束缚的过程中，可能会感到异常痛苦，会面临难以想象的巨大压力，但是只要坚持下来，山重水复只是过程，柳暗花明才是结果。

大禹变堵为导，冲破了原来治水方法的束缚，使水患得到解决，使百姓得到了安宁。"我有一个梦想，人人生而平等。"为了这个梦想，马丁·路德金和世俗斗争，与强权对抗，甚至最后献出了自己宝贵的生命，而他的努力没有白费，让所有黑人摆脱了肤色的束缚，与世界上的每个人一样，平等地生活。

他们的成功全都是因为冲破了世俗的束缚，将生命演绎得绚烂多彩。由此可见，冲破束缚是成功的秘诀。作茧自缚的人最终会被历史淘汰，被时光湮没。拘泥于现在，或是重复他人的悲哀，不能走出自己的路，生命留给他们的也仅仅是悲叹了！

我们之所以活着，就是为了创造

"只有偏执狂才能生存。"这句话是英特尔公司的前总裁葛鲁夫说的，却是对乔布斯一生最好的写照。

公司里没人敢跟乔布斯说"不"，当然也是因为工程师都说不过他。最开始设计 Macintosh 时，乔布斯冲进公司会议室，把一本电话簿往办公桌上一扔，说："设计出来的 Macintosh 应该像电话簿这么大，体积不能变大，如果再加大，用户会受不了。"

在苹果的产品研发中，这种事情众多。他们不会估计他人的反应，仅仅专注在自认为最正确的事情上，并将其呈现给大家。而且，乔布斯并不是简单地嘴上说说，他把这种自信的创新力根植到了苹果的每件产品中。

乔布斯曾在俄勒冈瑞德学院读了一个学期，之后便辍学；乔布斯和妻子劳伦相识在斯坦福大学，为了两人的第一次约会，他甚至推掉了公司的重要会议；12岁时他第一次接触电脑，便强烈地表示"这东西非常棒，我也想要弄一台来玩玩"；苹果是乔布斯最喜欢吃的水果，因而其公司得名苹果。

在创办苹果公司之前，为了寻找灵感，乔布斯曾远赴印度。在那里，他成为一名虔诚的佛教徒。乔布斯把简单的修行思维融入到世俗的潮流中，于是苹果最开始是一个小众品牌，追求的是特立独行、别具一格，这不仅是乔布斯本人的性格，也是苹果产品的性格。乔布斯曾如此评价自己："我有一个秘诀——专注与简单。简单比复杂更难做到，因为复杂本身存在那里，而简单必须经过不懈的努力，用力清空你的大脑，让它变得简单。幸而这种努力最终被证实具有价值，这是因为当你进入那种境界，便能撼动大山。"

公司成立的第九个年头，苹果发布了Macintosh。由于和董事会产生了不可调和的分歧，乔布斯被迫离开公司，那一年乔布斯刚30岁。当时，乔布斯感觉灵魂已经离自己远去，遭到了灭顶之灾。在最开始的几个月中，他感到非常迷茫，不知道该做些什么。他把原来的创业激情全部丢掉，觉得自己让与自己一起创业的人都非常沮丧，觉得自己把事情弄得糟糕透了。

慢慢地，乔布斯发现了新的曙光，发现自己依然喜欢从事这些事。苹果公司发生的这些事情并没有改变乔布斯的喜爱，他虽然被解雇了，但他依然钟爱它，他决定从新开始。

乔布斯当时并没有觉察到，过了很多年之后他才发现，从苹果公司被炒是他这辈子遇到的最幸运的一件事。乔布斯一生中最重要的箴言是"记住你即将死去"，这句话帮他指明生命中重要的选择。

乔布斯觉得，生命中发生的所有事情，包括荣誉、骄傲、对难堪及失败的恐惧，在死亡面前都不会继续存在，这些都不重要。每个人的时间都非常有限，不要浪费在重复其他人的生活上，不要被教条所束缚，不要在意他人的眼光及他人的宣泄，不要让其掩盖掉你内心的声音，必须勇敢地听从自己的直觉及心灵的指示。

乔布斯改变了世界，这话一点都不夸张。乔布斯的才华、努力、精力和对工作的激情是其创新的来源，这些创新丰富并改善了我们的生活方式，世界也因为有乔布斯而变得更加美好。

艾默生曾经说过："使命感具有无可替代的价值，它是一种伟大的品格，在所有价值中它处于最重要的位置。"从本质上来讲，每个人生来就带着使命，它伴随在我们身边，直至生命结束。在这个过程中，就要认清自己的使命，不断努力创造，改变世界；在人生过程中，随意放弃使命的人，注定无所作为、一事无成，也会平凡一生。

乔布斯之所以能够获得成功，就是因为他意识到了自己的使命，他活着的最终目标就是不断努力创造，不断改变世界。哈佛校长曾说："哈佛的学生之所以凌晨四点还在图书馆，是因为他们相信自己可以改变世界，并为之而努力；平凡的人则是因为没有坚守自己的使命，在成长过程中，使命被灰尘掩盖住了。"

所以，不论什么时候，我们都必须坚守自己的人生使命，要明白：活着，不是为了得过且过，而是要改变世界。在面对看似无法克服的困难时，不要轻言放弃，找准自己的目标与方向，创造出更多的成果。

与其抱怨，不如加油

成功就是一个不断跌倒、爬起来前行、再跌倒、再爬起来前行的过程。生活，就像是一条大河，不论前方是广阔平原，还是崎岖山川，只能往前走，不能往后退。从跌倒之后嚎啕大哭，到奔跑时脸蛋上那洒脱的微笑，没有跌倒过的孩子学不会走路。

成功的路上，不可能一帆风顺，有鲜花的地方必定有荆棘；有欢笑的时刻，自然也有流眼泪的时候；有梦，就会有梦破碎的时候……人生的道路总会伴随着坑坑洼洼，摔倒之后，每次的抱怨与愤懑，都会阻碍你前行的步伐，而每次的接受与改变，都将激励你不断向前。

索尼公司创始人盛田昭夫曾经给自己的员工讲过这样一个故事：

东京帝国大学的毕业生在索尼公司一直都很受欢迎，有位叫大贺典雄的帝国大学高材生非常有才华。他毕业之后加入索尼公司，在入职后的一年时间里曾多次与盛田昭夫争论，盛田昭夫非常喜欢这个直爽的年轻人，特别器重他。

令人不解的是，后来盛田昭夫却把大贺典雄派到生产一线，让一位普通工人当他的老师。让许多员工大跌眼镜，甚至怀疑他是不是因为做错了什么得罪了盛田昭夫；有些员工甚至为大贺典雄感到不平，但是大贺典雄只是淡淡一笑。一年之后，更出乎预料的事情发生了，还是学徒工的大贺典雄居然被盛田昭夫直接提拔为专业产品的总经理，员工们觉得如梦幻一般。

在一次全体员工大会上，盛田昭夫揭开了众人心中的谜团："我很器重大贺典雄，但是想要担任产品总经理，就要对产品有明确的了解，这是对工作的负责，也是对公司的负责，这就是我把大贺典雄下放到基层的原因。事实证明我的眼光没错，大贺典雄被下放到一线岗位之后，没有表示任何不满意，而是积极学习，干得非常不错。然而，让我坚定了提拔他的念头是因为——下放的整整一年，不管在多累多脏的工作环境下，他都没有任何牢骚或抱怨，而且对工作始终甘之若饴。"

其他员工明白了盛田昭夫的用心及大贺典雄的优秀之处，报以热烈的掌声。5年时间过去，大贺典雄34岁那年，已经成为公司董事会的一员，在墨守成规的日本企业，这简直就是奇迹。

如果对自己当前的环境不满意，抱怨是对改变现状最无用的行为，而想要改变现状，唯一的办法就是让自己不断战胜环境、超越环境。奥地利小说家茨威格说过："机会看见抱怨者就会远远避开。"在这个遵循强者法则的世界下，喜欢抱怨的人是无法拥有立足之地的。

有位哲人曾经说过这样一句话："改变别人远没有改变自己来得容易。"在我们的生活中，没有人会事事顺心，不如意事十之八九，与其不断抱怨生活，倒不如尝试着改变自己。

抱怨会限制你的思维，让你产生更大的负能量，还会让你的视野变窄，把自己局限在抱怨的困境之中，而不是努力地去改变，解决问题。如果能够像大贺典雄一样踏踏实实地工作，从不抱怨，那么你将前途无量。

爱默生说："一心朝自己目标前进的人，整个世界都会给他让路。"一心朝着自己的目标努力，又有谁能妨碍你的前进？不抱怨才是强者的生存法则：喜欢抱怨的人永远不可能成功，成功者从来不抱怨。

在1991年之前，诺基亚公司不仅生产移动通信产品，还生产电脑、电线及电视等。到1992年，公司一直处于亏损状态。许多管理者都推卸责任，甚至抱怨公司的领导经营不善。互相推诿和抱怨并没让诺基亚走出那时的困境，情况反而变得越来越糟糕。

这时候，玛·奥利临危受命，接受总裁一职。面对这样一个烂摊子，他并不抱怨，也没有责怪任何人，而是先进行了市场调查，与公司的管理者进行了全面沟通。很快，他便发现公司经营模式跟不上时代，已经难以适应社会的发展，于是他改变之前的经营模式，推出了以移动电话为中心的专业化发展新战略。

玛·奥利觉得，公司要想继续发展下去，就必须缩小自己的经营范围；原来的产品线拉的太长，公司根基不稳，没能力全部把握家用电器、电缆、造纸、轮胎等产品，他将这些产品压缩到最低，有的甚至直接出售掉。同时，玛·奥利也看到了公司的优秀之处。当时，诺基亚的电视生产业务在整个欧洲排名第二，是极具竞争力的产品。于是，他要求公司专门负责电信业务，全力扩展这一优势领域。

同时，他也意识到：随着社会的发展，移动电话逐渐普及，将有可能成为公司的支柱产业，更有利于公司的盈利和发展。他对公司全体人员说："一定要保证移动电话在整个领域能进入到世界前三。"

尽管这些工作进行起来都不容易，但是玛·奥利做得十分坚定。他将寻求及确立新增长点作为培育整个企业文化的核心，为公司打造出一个全新的企业文化。最终，成功地将公司90%的资金和技术人员转入到对多媒体技术、移动通讯器材的开发及研究中去。

在当时，这种做法简直让人大跌眼镜，每做一个决定都要说服公司里的很多人。玛·奥利反复和大家沟通，并坚持要改变当前的情况。很快，在他的带领下，公司就走出了多元化时期资金力量不足的窘境，并实现了新科技研发的效果。

至1996年，诺基亚在移动通讯领域的地位得到了全面提升，获得了生产移动通讯设备所必需的全部资源及科技力量。到了1998年，诺基亚生产了1亿部手机，变身为当时全世界最大的移动电话生产商。

设想，在最初上任的时候，如果玛·奥利不是雷厉风行地出台政策，而是对着一个烂摊子天天抱怨、责备员工，诺基亚恐怕早已不复存在了。他临危受命，没有抱怨任何人，而是积极地与员工沟通，努力适应新环境，最终让自己的公司在新的社会生存状态中找到一个全新的运营模式。

放眼整个社会，抱怨几乎充斥在每个人的心中，有的人说交通不好，有的人说房价太高，有的人说对象难找，有的人说工作难找，有的人说空气质量太差，有的人说物价太贵……可是，这些事并不会因为我们的抱怨就消失或是改变。显然，抱怨的存在并不能够给我们带来任何好处；反而，倒是从不抱怨的人，放下自己的心浮气躁，踏实做事，能够成就自己。

充实的奋斗好过空虚的享受

中国著名作家茅盾曾说过："必须在奋斗中求生存，求发展，国家的崛起离不开人民大众的奋斗、拼搏，人的梦想的实现也需要不断奋斗。"印度诗人泰戈尔的一生历经了众多磨难，他曾说："世界以痛吻我，我要回报以歌。"

奋斗的人生才是真正有意义的人生。人的一生，不能是碌碌无为、无所事事的一生，应该是不断奋斗的一生，只要生存在社会一天，就要奋斗一天。从呱呱坠地到耄耋之年，无时无刻都要处于奋斗的状态。

刘备从少年的时候就梦想着将来做大官，之后经过黄巾起义而发家，历经几十年的艰苦奋斗，从一无所有的"草鞋匠"逆袭为蜀汉的开国皇帝。其实，刘备的一生就是一部励志奋斗史。

三国时期，门阀制度盛行。根据刘备的出身是很难上升到上层阶层的。为了维持生计，刘备只能卖草鞋。成年后，在一位富商的资助下，刘备的生活状况才得到明显改善。

公元184年，爆发了黄巾军起义。豪侠气十足的刘备觉得这是自己起家的天赐良机。当时，衰落的东汉朝廷兵力匮乏，无法镇压黄巾军，鼓励各州府自行征兵讨伐叛贼。但是，没有积蓄，没有宗族子弟支持的平民，几乎很难组建一支像样的军队。不过，这些客观条件并没有难倒刘备。为了解决资金问题，刘备邀请当地的屠户张飞出钱。解决了钱财问题后，还有一个人手问题。刘备不仅和当时的逃犯关羽取得了联系，还成功接收了聚集在关羽身边的私人武装。由此，刘备基本上顺利完成了起家的所有准备工作。

在征战黄巾军的战争中，刘备等人立下了赫赫战功，被东汉朝廷赏赐了一个县官。后来，刘备吸纳了诸葛亮等人才，朝着建立蜀汉基业的道路继续前行。221年，刘备在成都称帝，国号汉，史称蜀或蜀汉。

人生的追求和梦想千差万别，但总而言之，都要为了成功及荣誉而奋斗。纵观古今中外，那些名人及成功者，他们的成绩和成就，都是经过奋斗而得到的。

1940年秋，李嘉诚一家从潮州逃难到香港，住在舅舅的钟表行中。李家祖辈没有做生意的传统，到香港之前，李嘉诚的父亲是一所小学校长，爷爷是清朝最后一届秀才，两位伯父也是在民国初年获得了日本东京帝国大学的博士学位。李家也算是书香门第，在当地口碑非常好，受人敬重。

但是，这些成就在当时的香港没有一丁点儿价值，不能为一家人的生存缓解压力，家人过得非常卑微。13岁的李嘉诚因为家境困难不得不辍学，给别人当学徒。白天工作，夜晚则要搬开家具和其他伙计挤着入睡。

太平洋战争爆发后，日本攻占了香港岛，李嘉诚的母亲带着弟妹回到老家，相依为命。不幸的是，贫困不得志的父亲染上了肺结核，熬了大半年后便去世了。父亲过世前，没有向李嘉诚交代任何事情，反而问他有什么话想要说。李嘉诚安慰父亲，告诉他"我们一定可以过得很好"。面对父亲的死亡，14岁的李嘉诚仿佛一瞬间从少年变成了男人。历经家道中落、少年失学、母亲回乡、父亲过世、流落异乡，李嘉诚不得不快速成长起来。

承诺了就要做到，为了实现自己对父亲的承诺，李嘉诚更加努力。当时，想要出人头地，学习是唯一的武器，于是他开始自学。他一边工作，一边自学，尽管过程非常艰辛，但是李嘉诚觉得非常充实。

1945年，"二战"结束后，李嘉诚的机会终于来了。工厂老板急需发信，但书记员正好请假，李嘉诚因为好学被推荐帮忙。他的出色表现让老板对他另眼相待，于是将其从杂役小工"升职"为货仓管理员，之后成了一名业绩非常棒的推销员，最后升为经理，19岁的李嘉诚便当上了总经理。

李嘉诚从基层做起，学到了关于货品的进出、价格及货品管理、推销等技巧。因为业务的关系，李嘉诚一直坚持阅读英文塑料专业杂志，顺便提高自己的英语，这也让他能够时刻把握这个行业可能存在的商机。

"二战"后经济逐渐复苏，塑料制品的市场需求非常旺盛，李嘉诚觉得这是一个机会，决定自己创业。1950年，他利用自己的积蓄及向舅父借的几万，总共5万港元，开设了长江塑料厂。

1957年，李嘉诚从行业杂志中得到启迪，去意大利进行考察，回港之后转而生产塑胶花。得益于那个时代的消费环境，业务发展的非常快，因为产品不断创新，李嘉诚成了香港乃至全球的塑料花大王。

这个故事已经成为李嘉诚财富故事中的一个经典情节。之后，李嘉诚又瞄准了地产业的机会。

"爱拼才会赢"这句话是很多成功人士的座右铭。不断拼搏、不断奋斗是成功所必需的精神。也正是这种奋斗的精神让李嘉诚获得了成功。

在我们身边，很多人都有这样的心理，想着不付出或付出很少就能收获长久的快乐和幸福，总是期盼着"天上掉馅饼"，这是不可能实现的。要想过上幸福的生活，就得不断奋斗，不断地用自己的辛勤汗水来浇灌成功的土壤。

"种瓜得瓜，种豆得豆"，这个道理我们从小听到大，但是有些人总会羡慕那些已经获得成功的人：羡慕人家殷实的家境；羡慕人家开跑车，住别墅。羡慕自己从来没有得到过的美好生活，却不知道这些有成就的人曾经付出了多少的汗水与艰辛。

付出不一定会有所收获，可是不付出就永远不可能得到快乐和成功。不断奋斗，辛勤耕耘，总有一天会达到自己的目标，拥有专属于自己的成功。

我们和天气抗争，和疾病抗争，和生活抗争，每次抗争都留下了奋斗的足迹。青年时期是学习的时期，我们和自己抗争，为了好好学习而奋斗；毕业之后，跨入到社会，我们看到的世界是多面的、五彩斑斓的，要想让自己的人生与世界接轨，就必须努力奋斗，与人奋斗，与事业奋斗。

生活一天，就必须奋斗一天；生活一分钟，就必须奋斗一分钟，人生就是奋斗。人生的意义在于不断向前，不断奋斗。懂得奋斗，也就掌握了人生最宝贵的财富。

想要的、追求的，都可以通过奋斗得到，只要有信心并不断努力，就能得到自己想要的一切。如果在物质生活中消磨了自己的斗志，就不能获得更大的成就。只要拥有一颗不断奋斗的心、一颗勇敢的心，就能为了自己的理想而不懈奋斗。如此，时间、金钱、年龄、经验等也不会成为阻挡你追求理想的绊脚石，你也能走得更远，最终走向成功。

耐心等待，好机会终会属于你

一位著名的推销大师，在当地最大的体育馆做告别职业生涯的演说，人们都迫不及待地想听听这场精彩演讲。

演说舞台正中央的上方，吊着一个非常大的铁球，推销大师说："请两位身强体壮的年轻人到台上来。"话音刚落，两名年轻人快速跑到台上。

推销大师说："请用这个大铁锤，敲打上面吊着的铁球，直到把它敲的荡起来。"一个年轻人拿起铁锤，用尽全力，向吊着的铁球砸过去。但是一声震耳的响声后，吊球却一点都没动。接着，他用大铁锤不断地大力砸向吊球，铁球还是巍然不动。不一会儿，他就累的不行了。另一个人也不甘示弱，接过大铁锤后把吊球打得震耳响，可是铁球还是没有动。

这时候，推销大师从自己的上衣口袋里掏出一个小锤，对着那个大铁球敲了一下，然后又用小锤敲了一下……人们都对推销大师的行为感到奇怪，大师不停地敲着……10分钟过去，20分钟也不知不觉过去，大部分人开始骚动起来，有些人甚至叫骂起来。

推销大师却仿佛没有听到，只管用小锤敲打着铁球，大概40分钟时，坐在最前面的一个人突然大喊了一声："球动了！"紧接着，铁球在老人一小锤一小锤的敲打中越荡越高，它拉动着那个铁架子一直"哐哐"响，巨大的威力震撼了在场的每一个人。

这时，推销大师拿起话筒，说出了自己告别演讲里的第一句话也是最后一句话："在人生的道路上，如果你没有耐心去等待成功的到来，就要用一生的耐心去面对失败。"

耐心等待是成功的必要因素，古语云："冰冻三尺，非一日之寒；水滴石穿，非一日之功。"人生的大舞台，充满了各种机遇和挑战，不仅需要坚决果断、勇敢面对，更需要理智冷静，学会等待。

事物具有自己的发展规律，唯有按规律办事，顺势而为，才能走向成功。成功不是一挥而就的，需要耐心。等待的过程是一种藏巧于拙和韬光养晦的过程，需要我们耐得住寂寞和诱惑，顶得住外界的压力与讥讽。耐不住性子，就会"欲速则不达"；只要学会了等待，收获也就跑不了了。

成功需要不断耕耘，也需要耐心等待。想要获得成功，除了不断奋斗外，还需要懂得等待，等待最佳时机，等待瓜熟蒂落，等待雨过天晴，等待云开日出，等待水到渠成……今天的忍耐，都是为了让花在明天更好地开放。

刘邦喜欢喝酒，不喜欢读书。但是，他却在40岁以后，一路高歌猛进，从亭长一路做到了皇帝。他是怎么炼成的？他将自己的天赋与实践结合起来，耐心等待，继而成功。

秦始皇纵横天下时，刘邦以游侠的身份周游列国。因为见多识广，养成了心胸开阔的性格。他心中怀有梦想，崇拜魏国的信陵君，更仰慕秦始皇；他认为，真正的男儿不仅要成为拥有三千门客的信陵君，更要具备气吞万里的秦始皇的气概。因此，即使他手中没有权力，依然四处结交各路英雄好汉，为后来的成功奠定了基础。

秦始皇统一天下后，刘邦回到故乡，凭借多年积攒的人脉，当上了亭长。在秦朝，亭长没有俸禄，但属下有俩人负责收税捕盗，所以还算个小吏。可是，刘邦当了亭长后，并没有往上升，而是直接丢职逃亡了。当时他带领一百多人前往咸阳服役，结果路上跑了大半，剩下的送去也是死，干脆全放了，然后自己逃亡到芒砀山里。可是在逃亡的路上，他并没有在芒砀山当山大王，他时刻准备着，准备做一番大事业。果然，机会来了。

陈胜、吴广起义后，刘邦响应起义，因为他心胸开阔，很多人都来跟随他。刘邦带着众人打回了沛县，连过去的上司萧何及曹参也非常支持他，在萧何等人的拥护下，他自称"沛公"，拥兵三千。如此，刘邦实现了人生关键的一步。

刘邦有着超强的学习能力，接纳了张良、郦食其等谋士，最后顺利进入咸阳城，后来分封诸侯王，成为"汉王"。

但刘邦并不甘心。刘邦有着极强的学习及驾驭别人的能力，在萧何的游说下，知道了自己的弱点。之后，他改变了自己的僵化思维，大胆起用韩信，并利用韩信的献计，暗渡陈仓与项羽争霸天下。

出了陈仓后，刘邦一路跌倒，一路爬起。但他总结失败教训，卷土重来。一次次的失败，一次次地向失败学习，数年下来，终于从一个满是缺点的人变成了超级强大的男人，逆袭成为中国历史上第一个草根出身的皇帝。

菜粉蝶从虫卵变成蝴蝶，大概需要35天的时间；苹果从开花到结果，需要150天的时间。成功从来都不是随随便便就能获得的！

南美洲有一种巨蟒，因为身体过于庞大，它的行动速度比其他蛇类要慢很多。为了捕食，它唯一的办法就是埋伏在树林中间等待猎物偶然经过。通常，一天下来也没有一个猎物经过，两天下来没有猎物经过也是非常正常的，有时甚至一个礼拜也不会有一个猎物经过。但是它唯一可以确定的是，只要等在那里，一定会有猎物经过；只要猎物经过那里，它就会一跃而起，张开大口将猎物咬住。

从表面上看，巨蟒在那里一动不动，是非常被动的，但是实际上它时时刻刻都非常警觉,即使睡觉的时候都会用自己的身体感受周围是否有猎物经过。可见,巨蟒比任何动物都更懂得等待的重要性。

等待,不是墨守成规、坐以待毙,更不是得过且过、无所事事。鲜花和掌声是为懂得等待的人准备的,需要我们在耐心等待的过程中通观全局、审时度势,需要保持头脑清醒、保持冷静,机会更青睐有准备的人。

聪明是把双刃剑,抖机灵是你的致命伤

洪应明在《菜根谭》中说:"文章做到好处,无有他奇,只是恰好。"才智的使用也是这样,用到恰当的地方,才是最适合的。应该显示自己智慧的时候要当仁不让,应该藏巧的时候要藏好,愚也是一种智慧。必要的时候当一当"糊涂人",也无可厚非,反而非常明智。

明朝刘基云:"智而能愚,则天下之智莫加焉。"翻译过来就是:智者如果能带着几分愚,就是天下的大智慧了。因此,大智若愚才是真正的智,贵在"大智",妙在"若愚"。可是,如今许多爱慕虚荣的人都不明白何为大智若愚,总是觉得自己比别人都强,比别人聪明,比别人能力高,恃才傲物、沾沾自喜。

其实,聪明人可以分为两种:一种是大智慧,真聪明;另一种是小聪明,也就是假聪明,区别在于他们对聪明的理解不同。前者懂得掩其锋芒,懂得审时度势,藏巧于拙,不到关键时候不轻易使用,大智若愚;后者则骄傲自满、自命不凡、好高骛远,自以为是,这就是小聪明。

西方有这样一种说法:法兰西人是真聪明,其聪明是藏在内部的;西

班牙人是假聪明，总是明露于外。在出将入相的过程中，千万不能只知道伸却不知道屈；只懂得进不懂得退；只知自我显示，却不了解藏巧于拙。

古人说："君子要聪明不露，才华不逞。"习惯显露自己的才干，会遭受众多的挫折，其实这也是一种幼稚的表现。在现实生活中，做人需要善于藏锋露拙。有才干是一件好事，但是带刺的玫瑰不仅会伤人，也会扎着自己。因此，真正聪明的人能够掌握"度"，也就是所谓的"过犹不及"，太聪明的人反而不如不聪明的人。

在五台山塔院寺有副很有意义的对联，让人百读不厌。上联：要小聪明，不能逃因果报应。下联：位高权重，岂能免生老病死。第一次看到的时候，很多人就能明白：真正的大智慧，是不要小聪明。

每个人都希望自己不是一个愚蠢的人，殊不知聪明也不见得是件好事，因为拥有聪明的头脑而到处抖机灵、耍小聪明，不但没有办法走向成功，还会因此害了自己。聪明反被聪明误在生活中很常见，这就是为什么成大事的人，大多都不是世人眼中聪明绝世的人。

常言道："这世界上真正有成就的一般都不是第一流的聪明人，而是第二流聪明与第二流愚笨合二为一的那种人。太聪明，不愿意下笨工夫，什么都看清楚了，也就没了希望，没了期待。"聪明尽管是好事，但是依靠聪明而不断耍小聪明，最终难以成大器。

三国时候，赤壁大战前夕，曹操手里有百万大军，亲自带兵驻扎在长江北岸，想要横渡长江，直下东吴。东吴都督周瑜带着兵马和曹军隔江对峙，情势非常危机，一触即发。曹操手下的谋士蒋干，自幼和周瑜相识，一起同过窗，便自荐去东吴做说客，试图说服周瑜投降。结果周瑜假装同意，摆下群英会，诱导其盗走曹操手下张、蔡的假投降书，借曹操之手除去了这两个人。

三国时期，因为耍小聪明付出了惨重代价的还有杨修。

杨修是曹操门下掌库的主簿，从小喜欢读书、博学能言，头脑过人，但是他恃才傲物，不把他人看在眼里，因为自己屡次猜准了曹操的心思，经常在他人面前卖弄。为曹操修建花园的时候，他猜透曹操门上写的"活"是"嫌园门太阔"的意思，曹操表面上夸奖杨修聪明，其实内心忌讳的种子已经种下。又一回，他猜到了曹操写在点心盒上的"一合酥"的意思，便自作主张地把点心给众人分吃了。尽管杨修有些小聪明，但是他这种行为触怒了曹操。终于，在曹操领兵和蜀军作战时，曹操说了一句："鸡肋！鸡肋！"杨修告诉随行的军士收拾行装，准备第二天归朝。杨修自作聪明触到了曹操的逆鳞，曹操以"造谣扰乱军心"的罪名将他斩首。

这就是所谓的"聪明反被聪明误"。聪明是一种天赐的财富，也是一把双刃剑：能够给你带来成功，也能为你带来灾难，最重要的是你如何把握、使用。

自恃聪明的人喜欢将自己的聪明表现出来，其实是耍小聪明罢了。每个人都喜欢聪明的人，但是耍小聪明的人则会招致大家的反感。在现在的职场中也是同样的道理。

有些人总是习惯性地猜测着上司的意图做事，揣摩上司的心情；另一方面又表现得非常自负，自以为自己比别人聪明，不断炫耀自己的能力。这样的人，既不能获得同事的欣赏，也不会得到上司的重用。

很多人羡慕那些成功的人，却忽视了他们在成功之前所付出的努力、所下的工夫、所忍受的痛苦、所捱过的寂寞。这些人也许跑的比你快一些，但是他们付出的努力和磨炼也比你多得多。成功从来没有捷径可走，需要一步一个脚印，不断进步，不断付出。

有人问沃尔玛的董事萨姆·沃尔顿成功是什么，他说："成功就是要比别人更努力。"有人问世界豪富保罗·盖蒂的成功是什么,他说:"成功就是要比别人更努力。"有人问微软公司总裁比尔·盖茨究竟什么是成功,他说:"比别人更努力。"成功没有捷径,唯有努力前行,方可接近成功的对岸,成功需要用努力作为代价。

因此,如果想成功,就一定要学会"大智若愚",不要玩那些小聪明,更不要耍些上不了台面的小伎俩,踏踏实实才是走向成功的捷径!

错就错了,你的理由只会让你错上加错

成长的道路非常艰难,是一个需要不断尝试、不断磨炼,最后自然而然的过程。唯有经历了挫折和失败的洗礼,才能体会到成功的不容易,以及获得成功的快乐。成长的蜕变需要经历无数次的失败才能让你坚强、让你成功,唯有在错误中吸取失败的经验教训,才能更好地取得成功。

泰戈尔说:"当你把所有的错误关在门外,真理也就被拒绝了。"人非圣贤,孰能无过?更何况,即使是圣贤也没有把握保证自己就一定不会犯错误。人犯错没什么大不了,最可怕的是明明知道自己做错了,却不愿意悔改,更不愿意承认自己的错误。

其实,错误和真理是辩证而统一的,是同一事物的两个方面。失败为成功之母,真理是经过不断的错误而酝酿形成的。没有错误,也就没有所谓的真理。

没有人乐意犯错误,但是也没有办法规避错误。无论怎样,只要从错误中吸取教训,不让同样的错误犯第二次就好。从本质上来讲,犯错误其

实就像是用排除法，排除了错误答案，剩下的就是正确答案，不继续犯错就是在进步。

老总在公司团建上发言："做事缩手缩脚，担心犯错误；脑子极不开窍，总是犯一些低级可笑的错误。这两种极端，公司千万要杜绝！"不要担心犯错误，真正的职场高手，从来不怕犯错，他们敢于犯错，也懂得在所犯的错误中不断摸索，将错误当作资源，这就是所谓的"高级"错误。

"把错误当作资源"这话听起来似乎有些别扭，但是认真品味起来，却非常有深意。但凡是做事的人，没有不会犯错的，只有从不作为的人才不会犯错误。当然，犯错的人大有人在，但是能把错误当作资源的人实在不多。

比尔·盖茨是世界知名集团的CEO，高科技产业的领军人物，人们只知道他没有读完大学就选择创业，拥有富可敌国的财富，是个了不起的英雄。贴在他身上的标签，除了成功就是辉煌，却很少有人知道他曾经走过多少弯路、犯过多少错误。

早年创业的时候，比尔·盖茨失去了大笔财富，他也曾经因为过度垄断而受到了制裁，也不是每笔投资都有所回报，但是他之所以会在近十年来一直稳居世界财富榜的前列，就在于他懂得从错误中吸取经验教训。名人之所以能够成为名人，倒不是因为他们有什么不同寻常的地方，相反他们也会犯许多错误，但是他们所犯的都不是低级愚蠢的错误，而是与创新或冒险有关的高级错误，尤其善于把错误积累起来，从中收获经验教训。

智者通常都知道怎样利用每一次的错误去摸索人生的真理，他们总是愈挫愈勇，从来不会退缩。他们知道，错误仅会暂时将真理掩藏，之后又会仓促地在忏悔痛苦中复活；错误，仅仅是薄雾环绕的黎明，只要清晨的阳光照耀到他们身上，坚强的孩子就会收获真理的果实。

人非圣贤，孰能无过？人生，说长不长，几十年而已，说短不短，谁敢说自己一辈子没有犯过一次错？错误犯了就犯了，已经成为事实，正确的做法是：犯错误后认识到错误，努力改正，而不是想着如何为自己开脱、找借口。

每个人都有惰性，都有自己的弱点，最重要的是能不能战胜它。美国总统罗斯福说过："如果自己所决定的事情有75%的正确率，便是预期的最高标准了。"一个美国总统的最高希望都是这样，更不要说普通人了。把自己每个阶段的工作状态及为人处事的方法做一次剖析，从中获得更多的经验，才能不再犯不该犯的错误，才能最大程度地顾虑周全，在是非面前保持清醒的状态。

犯了错误，只要认识错误，积极改正，依然能够改头换面，东山再起。常言道"浪子回头金不换"，说的就是这个道理。但是如果犯错不改，总是怨天尤人，为自己找借口，将会一错再错，一发不可收拾。因此，我们要时刻警醒自己，保持一颗清醒的头脑，勇敢面对自己的错误，勇敢认识自己的不足，永远不要为犯错找理由或借口。

美国当代名师莎伦·德雷珀说："犯错误是最好的学习方式。"人不是从出生开始就什么都知道，从小到大，我们整个人生就是活在犯错及改错之上。

人生不可能一帆风顺，总要碰钉子，吃一堑长一智，碰一回钉子，长一分见识，添一分经历。做的事越多，碰的钉子也就越多，聪明人总能因为这些钉子而增长自己的见识与阅历。谁能允许犯错，谁就能获取更多；没有勇气犯错，总是担心自己犯错，就不会有创造性。

尝试与错误是人类进步的前提条件！

只要奋斗的方向正确，成功也就有可能

成功的人之所以可以实现自己的人生梦想，最重要的是他们在生命最开始的那一刻就认定了自己前进的方向。即使在通往成功的道路上，时不时会遇到各种无法预料的挫折和磨难，也不能阻挡前行的脚步。

"没有比漫无目的地徘徊更令人无法忍受的了。"这是荷马史诗《奥德赛》中的一句至理名言。高尔夫球教练也经常这样说："方向是最重要的。"其实，人生何尝不是这样。然而在现实生活中，许多人却一直做着没有意义、没有目标、没有方向的事情，过着无所事事的生活，没有方向的人生，从一开始就注定了其惨淡失败的命运。

人生并不是什么时候都需要有坚强的毅力，唯有在正确的方向下，毅力才能起到作用。没有确定好自己的方向，毅力与坚持只会让人越错越多。当然，人更需要有分辨方向的智慧。自己付出了心血，成绩却不乐观，有没有想过，也许是弄错了方向？自己不擅长的事情，想把它做好非常困难，所以在做事情之前首先就要选对方向。

在我国历史上有个皇帝的身份比朱元璋低，这个人就是十六国时期后赵高祖——石勒。

西晋末年，晋惠帝司马衷痴呆无能，皇后贾南风为了培植家族势力，实现自己的野心，制造了一系列政治风波，引发了诸王夺权的"八王之

乱"，这场内战让西晋政权遭受了毁灭性打击。之后，大大小小的地方割据政权纷纷建立，历史进入了五胡十六国时期。

石勒是羯族人，羯族人的地位很卑微，跟奴隶一样，为了生活，许多羯族人都给官僚豪绅家做佃客，石勒去了郭敬、宁驱家做佃客。后来，并州爆发饥荒，许多胡人佃客趁机逃散，并州刺史司马腾看到大量胡人流民，认为有利可图，就四处捉拿胡人，驱往太行山一带卖为奴隶，牟取暴利。二十多岁的石勒也在其中。沿途既要忍受饥饿病痛的折磨，还要受官军的殴打、侮辱，侥幸得到贵人的暗中保护，石勒才得以保全。

之后，石勒被卖到师懽家，成了一名奴隶。一天，石勒与其他奴隶在田中耕种，听到了鼓角之声，好像有人在附近打仗，就告诉了身边的人。其他人觉得，兵荒马乱，听到这种声音很正常，没当回事。后来，只要一下田，石勒都会说自己听到了鼓角之声，周围人就把这件事报告给了师懽。石勒趁势说："我在家里下田的时候，也能听到这种声音。"当时的人都非常迷信，师懽看石勒长相不凡，又能出现幻听，以为他不是寻常之人，就解除了他的奴隶身份。

石勒恢复自由后，四处漂泊，后来投奔汲桑，落草为寇，与十八个兄弟组成了"十八骑"，四处抢夺珠宝丝绸等物。公元305年，汲桑率领石勒等人一起投奔公师藩的反晋部队。石勒被封为前锋，作战勇猛，但不幸败给了晋军，与汲桑失散。石勒没有办法，只能再次落草，最终被匈奴汉王刘渊收编。

刘渊是第一个在中原建立政权的匈奴人，他汉化程度很高，精通史书、诸子百家，酷爱儒家经典。石勒投奔刘渊后，积极表现。刘渊想招降乌桓族的伏利度，石勒主动请缨，说自己不费一兵一卒就能让伏利度归降。

石勒假装得罪了刘渊，跑到伏利度那里说要投奔，伏利度听说过石勒的大名，便高兴地与他结为兄弟，让他带兵打仗。石勒所向无敌，斩敌无数，时间长了，赢得了伏利度手下的信任和佩服。石勒知道自己众望所归，便借着一次聚会的机会，把伏利度绑了起来，被众人推选为首领。石勒带着这支队伍，浩浩荡荡来到刘渊帐下。刘渊非常高兴，加封石勒为督山东征讨诸军事，石勒的军事力量不断壮大。

公元311年，石勒带领自己的将士全歼西晋主力，攻破了洛阳。一年后，他以襄国为中心建立起自己的根据地。七年后，石勒自称大单于、赵王，定都襄国，史称后赵。公元330年石勒称帝，史称后赵明帝。

对于一个足球选手来说，足球的方向就是门洞所在的位置，所有进攻的目标就是要把球踢进门洞里；而对于一个人的人生来说，方向就是人生目标，就是朝着长远目标的方向稳步前进，完成一个个小目标。

耶鲁大学曾经做过这样一项实验：

在实验开始的时候，研究人员向参与实验的学生提问："你们有目标吗？"10%的学生答案是肯定的，确认自己有目标。之后研究人员又问了第二个问题："如果你们有目标，那么能将自己的目标写下来吗？"这次，只有4%的学生的回答是肯定的。

很多年后，耶鲁大学的研究人员在全世界追访当年参与实验的学生，调查结果显示：当年能够将自己的人生目标写下来的学生，不论从什么方面来说，都比另外一些没有明确目标的人要优秀。不说别的，仅4%的人所拥有的财富就超过了余下96%的人的财富总和。

上帝对于每个人都是公平的，给了每个人同样的天空、同样的阳光、同样的雨露、同样的每天24小时。成功者之所以可以实现自己的人生梦想，最重要是他们在生命起程的那一刻就找到了自己前进的方向。即使在通往梦想的道路上，会遇到众多难以预料的困难与荆棘，也拥有前行的勇气。

　　人生没有固定的方向，因人而异，各不相同。找准自己的方向，就可以依据自己的真实情况，确立一个科学合理可行的目标；找准自己的方向，就能在生命的旅程中沿着轨迹踏实向前；找准自己的方向，才能够用一生的力量，去实现自己最大的梦想。

第二章

你的人生独一无二

生命中遇到的所有问题，都是为你量身打造的

生物学家发现，飞蛾在由蛹变成幼虫时，翅膀会逐渐萎缩，变得非常柔软；在破茧而出的时候，一定要经过一番痛苦的磨炼，身体中的体液才能够流到翅膀上去，翅膀才能够变得坚韧有力，才能支持它在空中飞翔。

没有经历痛苦磨砺的飞蛾，十分脆弱。人生不经历苦难，就会不堪一击。正是因为有了这些苦难和困窘，成功才如此让人欣喜；因为有不同种类的苦难与困窘，欢乐才那么令人喜悦；正是因为有各种困苦和磨难存在，才能够激发出人生的力量，成就一番不平凡的事业。

网络上有这样一句话：人生就像心电图，一帆风顺，说明你已经挂了。这也是在提醒我们，每个人都会遇到挫折，谁都会经历坎坷，生命这条长河，有一些暗礁与漩涡，是很正常的。但是不论发生什么，都必须谨记：生命中遇到的每一个问题，都是为你专门定制的，是独一无二的。

南朝宋武帝刘裕的出身低微，刚出生便死了娘，之后又被爹抛弃，被寄养到一位少妇家，名字就叫"寄奴"。少年时期，刘裕家非常贫穷，以种地、砍柴维持生计，但他性格强悍、坚韧、喜欢冒险。刘裕叛逆张扬，整天游手好闲，不喜欢读书，略识几个字，简直就是个乡下的熊孩子，无半分帝王之相，依靠卖履的微薄收入补贴家用。东晋孝武帝时，刘裕投身行伍，开始了戎马生涯。

机会很快降临到刘裕头上，刘裕成了北府旧将孙无终的司马，但没做出什么成绩。安帝隆安三年（399年），孙恩起兵反晋，八郡纷起响应，朝野震惊，刘裕吹响了号角，惊呆了所有人。刘裕手持长刀，如下山猛虎般扑向敌人，上千敌人四散奔逃，刘裕一战成名，成为一名小军官，从此开启了不一样的人生。

在东晋忙于对付孙恩之乱时，西边的昌明党内部三巨头之间也发生了重大变故。孙恩起兵，消耗了晋廷兵力，造成京防空虚，桓玄趁机而入，完全控制了江、荆、雍三大州，成为最强大的地方势力。之后桓玄举兵东下，攻入建康，杀司马元显，收夺刘裕的兵权。刘裕机智有谋，看到桓玄实力强大，只好暂投桓玄，因为勇敢善战、多次克敌致胜，屡立战功，在北府的名气越来越大，受到桓玄的敬重。

之后，刘裕带领自己的部将分成四路，里应外合，一举消灭了楚朝。但是，楚军很快反扑。刘裕十分镇定，任命刘穆之为主簿，参与军事，安排部署妥当后，刘裕向四方发出一篇慷慨激昂的檄文，声讨桓玄。在很短的时间里，便组建起了一支1700多人的讨桓义军，挥师西进。

本来就不在状态的楚军，在刘裕军的猛攻之下斗志尽失，刚一接触便全军崩溃。刘裕只用了不到七天的时间，连败楚军，让晋朝复生。

405年，击败桓玄，晋安帝司马德宗复位，任刘裕为侍中、车骑将军，刘裕控制了东晋朝政，权倾天下。

刘裕的逆袭史可以总结成一句话："一切都是最好的安排。"的确，一切都是最好的安排！生命中遇到的困难与麻烦，都是为你量身定做的，逃避起不到任何作用，一定要勇敢地面对。上帝给你关上了一扇门，一定会在你看不到的地方再为你打开一扇窗；会为你搭建一个属于自己的舞台，你一定要对此深信不疑！关键是看你是不是能够走出那一步。

哲学家斯巴昆说:"有许多人一生之伟大,来自他们所经历的大困难。"当一个人感到现在的状态非常艰难时,就说明自己要有新的提高了。

台湾著名漫画家朱德庸25岁红透宝岛,《涩女郎》《双响炮》《醋溜族》等作品在台湾深受喜爱;在内地,他的漫画也十分畅销。可是,他小时候却一直被当作问题孩子,自己也觉得自己比别人笨。

十多岁后,朱德庸发现自己对文字反应比正常人迟钝,但是对图形却非常敏感。于是,不论是在学校,还是在家里,他都不断地画,书与作业本上的空白地方都被他画得满满的;在学校被哪个老师批评了,回到家他就会以这个老师为素材进行创作,狠狠地画……后来媒体发现了他,为他专门开设了漫画专栏。

朱德庸找准了自己的最佳结合点,成为一位知名的、优秀的漫画家。

在奋斗的道路上,任何成功人士都会遇到很多问题,面对这些困境,一味地逃避,永远也不能发现新的;反之,积极面对,关注生命中遇到的任何一个困境,勇敢地面对生命中遇到的难题,成功就在不远的地方。

有一位心理学家曾说过这样一段话:"你一定比你想象的还要好,但是很多人并不这样认为。"许多优秀的人在小时候就心怀大志,就有与其他人不同的表现,不论遭遇什么磨难,都愿意相信自己是最好的。你是不是也有同样的信念,有别人催不毁的自信心?一定要记住:你的坚持有多久,你的自信就有多强悍,你的路就会有多长!

每朵花儿都有不同的风骨,何必盲目比较

柏林是美国历史上重要的作曲家之一,在他刚出道的时候,一个月仅能赚120美元。当时音乐界的大佬奥特雷非常欣赏柏林的能力,就问柏林想不想做他的秘书,薪水是原来的六倍多。但是,奥特雷忠告他:"如果接受,你也许就会变成一个二流的奥特雷,如果一直坚持自己的本色,总有一天你会变成一个一流的柏林。"柏林接受了奥特雷的忠告,在生活和创作上一直保持自己的特色,逐渐成为美国非常著名的作曲家。

世界上没有两片完全相同的叶子,每个人都有自己的本色。成功者大多保持了自己的本色,并将其发挥得酣畅淋漓。伟大的喜剧演员卓别林,在最开始进入影视圈时,导演让他学习当时特别有名的一位德国喜剧演员的表演方式,但是卓别林并没有听从导演的话,而是潜心创造出属于自己的独特表演方式,终于成了不可替代的喜剧大师。

爱默生说过:"羡慕就是无知,模仿就是自杀。不论好坏,必须保持本色。虽然广大的宇宙之间充满了好的东西,可是除非你耕作那一块属于自己的田地,否则绝无好的收成。"任何人的身边都有别人,而别人又很可能成为自己的模仿对象,这是我们常常遇到的事。唯有认识自己,选择自己,重视自己,才能更好地发挥自己的潜能。

如果你不能成为一棵大树,就专心做一丛灌木;如果你不能成为一丛灌木,就专心做一株小草。最重要的是,你需要记得:我就是我,是独一

无二的存在。

其实，成功并不难！成功的过程，就是一个形成并保持自己的过程。受"树大招风""鞭打快牛"等传统思想的影响，中国人不愿意表现出自己的个性，在法不责众的法制观念下，跟风、随大流已经成为社会人明哲保身的安全做法。可是，这是一个主张独立、自由的时代，成功的人往往都有自己的看法和主见；没有主见、人云亦云的人，是很难获得成功的。

现实生活中，不论是有意的还是无意的，每个人都在掩饰自己，特别是当我们在公众场合或从事自己觉得非常重要的事情时，表演的痕迹就更为明显。为什么会表演？因为我们还没有建立起自信，还没有足够伟大的成功以支撑自己坚持自己的本色。从这个角度说，唯成功者方能保持本色。

伟大的剧作家莎士比亚曾说："你是独一无二的。"这是对个性非常高的赞美。个人的成长过程是一个不断认识自我、确定自我的过程，每个人都有自己特定的个性，但并不是每个人都能够认识到这一点，或即使认识到这一点，也不能确定适合自己的那种特性。从一定意义上来说，人生就是一种自我创造的过程。在创造自我的过程中，会慢慢地显露自己的个性、塑造自己的个性。

邯郸学步、东施效颦，之所以最后都成了众人眼中的笑话，就是因为她们一味模仿别人，而放弃了自己的本色。失去了自我的本色，人生便会由五彩变为黑白。

2004年，奥地利女作家埃尔弗里德·耶利内克获得了诺贝尔文学奖。不过，最令人们惊讶的是，当埃尔弗里德·耶利内克得知自己获奖的消息之后，却说："我不会去瑞典的斯德哥尔摩领取诺贝尔文学奖。"她并不期待自己能够成为一个引人注目的名人，她觉得自己要追求的目标不是这个。得知获得了这一奖项之后，她并没有感到高兴。

我们无须表达自己对这位获奖者的反应是褒还是贬，就针对于她在面对如此巨大的荣誉时，可以保持自己的本色，就已经非常难得了。耶利内克清楚自己是谁，自己想做什么，写作的本意并不是为了得到诺贝尔奖，这不仅是她的诚挚和与众不同的体现，更是真实自我本色的体现。

的确如此，诺贝尔奖是作家梦寐以求的无上光荣，会让获奖者沐浴在荣誉的阳光中，但是它却没有办法从根本上改变一个人——你原本是什么样，现在你还是什么样。荣誉是这样，诋毁也是如此！他人的评价不能对真实的你产生任何作用，它们所产生的影响永远是在心理层面上的，而受到影响的人只是将评价进行了片面放大，改变了自我的前进方向。

埃尔弗里德·耶利内克一直坚持自我本色，并没有影响到瑞典文学院公布对她的评选结果。除此之外，在公布这一评选结果时，颁奖方还附上了授予她这一荣誉的原因："她用音乐般畅快的表达，用充满激情的语言揭示了社会中一切老旧的荒谬和这些枷锁对人施加的可怕压力。"

抱怨没有任何作用，千万不要抱怨自己不完美，也不要期望自己能够与他人一样。你必须明白的是：如果你具备了每个人的优点，你得到的将是闻所未闻的孤独与寂寞。世界上没有什么是完美的，人正是因为有了缺点和缺陷才显得更加有亲和力，才能获得更多人的认可。所以，不论是谁，仅需要保持自己的本色即可。

想办法最大限度地利用自己的优势，保持自己的本色，走好自己的路，成为最好的自己，就能享受到幸福美满的生活，在事业上也会有所成就。

步人后尘者，必会走向死胡同

比塞尔是西撒哈拉沙漠中的一个非常小的村庄，建立在一块1.5平方千米的绿洲旁，从这个村庄走出沙漠大概只要3个昼夜的时间。可是，在肯·莱文发现它之前，村庄里没有一个人走出过这个沙漠。据说，不是他们不想离开那儿，而是尝试了许多次，最后都失败了。

肯·莱文觉得非常不可思议，决定用自己做个实验。他从比塞尔向北走，结果用了3天半的时间就走了出去。这时，比塞尔人才惊觉：原来从来就没有人向北走过，每个尝试走出沙漠的人都是沿着上一个人走过的路线走，却从来也没有人想过换一条路线。

学别人，不论学得多像，都只能成为别人第二。走别人走过的路，非常容易迷失自己的脚印。

生活中，很多人都习惯于走别人走过的路。因为，老人常说，走大多数人走过的路不会错。但是，总是忽略了一个非常重要的事实：走别人没有走过的路，才更容易成功。

王传福之所以能够一直位列中国财富榜单上，秘诀就是"敢为天下先"，走别人没走过的路。王传福认为，想要在与别人的竞争中脱颖而出，就不要走别人走过的路。与别人采用相同的打法，如何可以打赢他？王传福的成功之道就是在世上本没有路的地方，闯出了一条新路，并且坚定不移地走下去，直到成功。

王传福出生于安徽巢湖，父亲在他13岁时便过世，母亲也在他15岁的时候离开了他，哥哥辍学打工供他上学，家境清贫。最困难的时候，嫂嫂曾经为了让他上学，为借10元学费，借遍了全村。成长的艰辛磨炼了王传福的意志，生活的苦难培养了他吃苦耐劳、不服输的个性，他从小就明白：知识才能改变自己及家人的命运。所以他比同龄的孩子读书更刻苦，"永远要比别人做得好"是他一直以来坚持的理念。

王传福大学毕业后进入北京有色金属研究院，全身心地投入到电池研究中。5年后，他被破格提为研究院301室副主任，成了当时全国最年轻的处长。1993年研究院在深圳建立了比亚迪电池公司，他作为公司总经理来到深圳。

当时，日本电池可谓一家独大，国内厂家大多是买来电芯进行组装，利润比较少，没有竞争力。王传福决定根据自己技术研究的优势，将产品的定位放在科技含量高、利润高的电芯方面。当日本宣布本土不再生产镍镉电池的时候，王传福意识到又一个巨大的商机摆在了自己眼前，于是开始涉足镍镉电池。

那时，日本一条镍镉电池生产线需要投资大约几千万元，再加上日本禁止出口，王传福根本买不到他所需要的生产线。可是，世上无难事，只怕有心人，王传福依据国情，利用中国人力资源成本比较低的优势，把生产线分解成为一个个能够人工完成的工序，用"半自动化加人工"的形式，最大限度地利用了高级和低级人才，仅花费了100多万元，就建成了一条操作性很强的镍镉电池生产线，大大减低了电池生产成本。

成本比较低，价格就具有优势，加上质量也有保证，很快为他赢来大批量订单。1996年，比亚迪公司取代三洋公司成为台湾无绳电视制造商的电池供应商。1997年，比亚迪公司的镍镉电池的销售量达到1.5亿块，排名世界第四位。与此同时，为了适应市场的需求，他着手研发镍氢电池。这一年，他的镍氢电池销售量高达1900万块。

正当电池事业欣欣向荣的时候，王传福经过市场分析和考察，开始向汽车领域发展。许多人说他冒险，甚至说他的决定简直是疯狂，而王传福却非常坚定，别人不知道，他自己看得非常清楚。可是，中国电池业的巨大利润吸引来大批从业人员瓜分这块蛋糕，市场逐渐趋于饱和，利润不断下降。

王传福发挥自己的专注精神，从最简单的学起，用很短的时间掌握了汽车的构造原理及生产技术。四年后，比亚迪不但在汽车市场站住了脚跟，还成功上市，尤其是2008年"股神"巴菲特以战略投资者身份入股，更为其添上一抹光彩，而王传福也一举成为中国内地首富。

王传福认为，自己之所以能够取得如今的成绩，就是走了一条别人没有走过的新路。强者就像一汪瀑布，靠自己开辟道路。环顾四周，小有成就的成功人士，大多数也是因为走了一条不同凡响的路才获得了成功。

人生漫漫，不要拘泥于前人的道路，要勇敢一些，尝试一下别人不敢走或不愿意走的地方，也许那里荆棘密布、困难重重，但是只要走过去了，就是第一个吃螃蟹的人，而后来者只能够踏着你的脚印走过。

走别人走过的路，风险相对小一些，但是只能走些下坡路，追随者能够品尝到的也是前人剩下的果实，如果不是有毒、味苦，往往就是前人看不上的，比如，个小、味道差，要想尝到色鲜味美的果实，就要走无人走过的路！

经得起考验，才能被拣选

人从步入社会的那一刻开始，就注定了必须会经历大大小小的考验：考验你对生活的琐碎与苦难的承受能力，考验你对社会的险恶与残酷的认知能力，考验你在工作中的实力，考验你对社交的言语和沟通能力，考验你对人生的领悟和解决能力，考验你对成功的积累和见解……这些都是没有办法避免的，躲不掉，逃不掉，你唯一可以做的就是认真解答人生带来的考验。

人一生都将在考验之中度过，获得成功的人一定是身经百战的。成功者都要经历各种复杂的考验，每场考验都需要费尽心机地去应付。考验是一种煎熬、更是一种对意志的磨炼，任何人都不是天生就注定会成为成功者的。

试问，从一出生就过着锦衣玉食的人，如何谈"成功"？"成功"是创造而来的，在创造的过程中要经过多重考验、验证和创新，从失败中累积成功的秘诀。

1832年，林肯迫于政策原因而失业，伤心之余，他决定成为一名政治家。遗憾的是，他不仅没有经济实力还没有什么名气，第一次竞选失败。在一年里遭受两次重大的打击，林肯感到异常痛苦。

为了在之后的竞选中处于不可动摇的地位，林肯着手建立了自己的企业，可是一年不到，企业就倒闭了。之后的一年多，他不得不为了偿还企业倒闭时所欠的债务而四处奔波。多年后，林肯再一次决定参加竞选州议员，他成功了。他觉得自己的生活终于有了转机，他觉得自己要在政坛上平步青云了！

1835年，林肯订婚。未婚妻是个很有才的人，在仕途上给了他很多帮助，帮他出谋划策，在感情上被他视为天作之合，更是他的精神支柱。但是，不幸的是，就在结婚前几个月，未婚妻遭遇车祸不幸去世。这件事，对他精神上的打击可谓是毁灭性的，他心力交瘁，卧床数月不起。1836年，他得了神经衰弱症。1838年，林肯觉得身体好了一些，决定参加竞选州议会议长，但是失败。1843年，他又一次参加竞选美国国会议员，依旧没有成功。

林肯一次又一次地尝试，一次又一次地失败：企业倒闭、爱人去世、竞选失败。如果是你，碰到这样的事情，你会不会放弃？林肯是个聪明人，他非常执着，在经历了这些事情之后并没有放弃，也没有想过"失败之后会怎样"。

1846年，他又一次参加了竞选国会的议员，最终成功当选。

两年的任期很快过去了，林肯决定争取连任。他觉得自己作为国会议员表现得非常出色，相信选民一定会继续选举他，结果非常遗憾，他落选了。为了这次竞选他赔了一大笔钱，他接着又申请成为本州的土地官员。但是州政府把他的申请退了回来，给予的解释是："要想做本州的土地官员，必须具备卓越的才能及超常的智力，你的申请没有满足这些要求。"之后又是两次失败。

林肯没有认输。1854年，他竞选参议员，失败；两年之后，他竞选美国副总统提名，结果对手从中作梗，又失败了；两年之后，他继续竞选参议员，依旧失败……林肯尝试了11次，仅成功了2次，但是他没有放弃自己的追求，一直明白什么是自己想要的。1860年，他终于如愿以偿，当选为美国总统。

面对困难，多少人失败一次两次就放弃了，而林肯却没有退却，更没有逃跑，而是勇往直前。尽管他的一生只成功了两次，但是就这两次成就了一代伟人。

在现实生活中，我们常常会遭遇人生的考验，也许是失业、辍学，也许是业绩不好、客户找茬，可能是同事孤立、上司刁难……这些，都能称为考验。这些事情也许每天都在发生，面对这样的困难和考验，一般人都会感到痛苦，从而失去希望与信心，心中充满了挫败感。可是要知道，经不起失败考验的人，绝不可能成功。

多次尝试后，也许不见得能够成功，但是如果连再次尝试的勇气都没有，那就永远没有机会成功了。成功并不是一件轻而易举的事情，唯有经得起考验，才有机会成功。

对一个人来说，考验就像是一场赌博，一场自己和自己的赌博，输赢都是你；是赢得信心还是输掉信心，就看你自己的造化了。将命运掌握在自己的手上，你就能赢。

人生在世，有所为有所不为，每一件事都不是无意义的；相反，每做一件事都在考验智慧与能力。在下决心做一件事的时候，就应该意识到：结果不是固定的，做好最坏的打算就是做好了最好的准备，不管这件事能否成功，最后都要坦然地接受一切成败的荣辱。成功了，只能说明你有能力与智慧；失败了，却不能证明你的能力不足。

人生就像一个考场，充满变幻，对错仅在一念之间；成败也只是一字之差。人生没有完美，生命也没有永恒，唯有无休止的考验。每一次考验都将成为成功的垫脚石，日积月累，久而久之，也就铺垫成了通往成功的道路。

结果不重要,重要的是你的体验

流动的小河不会因山路的崎岖而停止前进,展翅翱翔的雄鹰不会因为天空的狂风而收起扇动的翅膀,毛毛虫不会因破茧的痛苦而停止破茧而出……生命的意义在于敢于体验失败和困境。困境中,依然能迎难而上,才能获得成功,因为结果不重要,重要的是你的体验。

中国著名篮球运动员姚明,在国际上享有极高的名声。在刚进入NBA时,中国篮球明星刚在西方国家崭露身手,姚明是整个中国乃至亚洲篮球的代表,肩上担负的责任巨大,他也倍感压力。当时,姚明的球技不是最好的,身材也不占优势,但是他没被困境压垮,而是主动迎难而上,经过多次努力,体验过多次失败,最终走向了成功,获得了傲人的成绩。

面对困境,只有摆正自己的心态,敢于体验失败、迎难而上,才不会被打倒,才能不断地取得进步和成功。

"你只闻到我的香水,却没看到我的汗水。"相信很多人都知道这句话。在别人看来,陈欧是幸运的,是成功的。可是,很少有人知道,作为聚美优品的创始人,在创业初期,他体验过的困难与失败不计其数,更不知道流过多少汗水。正是因为陈欧敢于体验,才有了今天的自己。

一位名人曾说过:"所谓的成功,30%的成功由机遇决定,70%的成功都来自自己的拼搏与努力。"人生的拼搏像一块磨石,会将一个人锻炼得更光、更亮。在奋斗的过程中,每个人都会遇到失败、挫折、困境,成功者与普通人的区别就在于：成功者将失败看作是一种体验过程，他们始终坚信，只要经历了多次体验，成功必然属于自己；而普通人却会将暂时的失败看作是人生的终点，停滞不前，这样的人注定无法成功。

丁磊是网易首席执行官。上大学时，他在班里成绩只是中等偏上，毕业后回到老家当了一名公务员。看到儿子有了一份体面又稳定的工作，家人非常满意，可是丁磊却毫无征兆地辞职了。

辞职后，丁磊涌入南下的打工潮，来到广州，成了一名普通的打工仔。但是，在激烈的市场竞争中，他所在的公司由于经营不善，遇到了危机，丁磊只好无奈地离开。之后，他先后经历了三次跳槽、三次事业的夭折，经过长时间的思考后，在1997年5月丁磊开始创业，创立了网易。

由于在创业之初做了充分的准备，网易仅用了很短的时间，就在同行中出了名，2000年6月30日网易在纳斯达克股票交易所正式挂牌上市。结果，让人始料不及的事情发生了，当天股票收盘时，网易股价跌破15.50美元的发行价，跌至15.12美元。主承销商美林证券公司和德意志银行也遭受了巨大的损失，不断地给网易施压，网易一步步走向失败的边缘。2002年7月网易被迫停牌，不久网易又因涉嫌财务欺诈，停牌四个月。

面对困境，丁磊只能硬着头皮继续撑下去。经过一段时间的挣扎和努力，网易股票在美国时间2003年1月2日上午终于恢复交易。此后，丁磊对网易进行了全方位的调整，网易逐渐起死回生。2003年，网易全年实现了3.23亿元人民币的盈利，迎来了发展的第二春。

成功其实就是一次次地跨过失败的门槛，一次次地重新再来。失败后，丁磊没有放弃，而是毅然爬起来，重新踏上了自己的征程，最终走向成功了。丁磊的成功史让我们明白：不能将自己的关注点放在成功者站在领奖台上的辉煌和灿烂时刻，更应该看看他们背后的辛酸，这些才是更为宝贵的。

失败是通向成功的入场券，遇到失败，不要失落，更应该振作精神。越过失败的门槛，才能抵达成功的驿站，想要成功，就要多方体验，体验各种失败。

怀着希望走向成功时，经常会遇到最不想见到的失败。失败会阻挡成功，会让我们意志消沉，让我们难以如愿以偿。于是，很多人就会自暴自弃，就此认命，不再奋斗和追求。如果因为失败或者害怕失败而不敢迈出，从而放弃对成功的追求，将永远无法到达成功的彼岸。

惧怕体验本身就是一种失败，这样的失败终结了行动的动力，更是终结成功的最大敌人。有这样一个小故事：

一个人打算步行去逛街，结果走到半路不小心被一块石头绊倒。他爬起来，可是没走几步，一不小心又摔了一跤，想着自己连续摔了两次，他索性趴在地上不再起来。

路人问他："你怎么不爬起来继续走？"那人说："既然爬起来还会跌倒，为什么还要爬起来？趴在原地，就再也不会跌倒了。"

不跌倒固然不错，但不能忘了行动的目的，不行动确实保险，但是有一点需要明白的是：不体验失败，永远也无法得到那张走向成功的入场券。

没有人能够随随便便成功，每次成功都是一种幸运，每次失败都是一次尝试，失败后能重新站起来才是一种勇气。塞万提斯曾说："丧失财富的人损失很大，可是丧失勇气的人，便什么都完了。"如果想成功，就要多方体验，微笑着面对逆境中的自己，坚定信念，绝不言败，用微笑与自信为挫折写下句号。

不要把他人追逐的理想作为自己的目标

美国作家威廉·福克纳说过:"不要竭尽全力去和你的同僚竞争。你应该在乎的是,你要比现在的你强。"中国社会有个通病,就是希望每个人都照一个模式发展,衡量每个人是否"成功"采用的也是一元化标准:在学校看成绩,进入社会看名利。尤其是在今天的中国,人们对财富的追求更是孜孜以求,各行各业对一个人成功的评价,更多是以个人财富为指标。

须知,成功不是要和别人相比,而是要了解自己,发掘自己的目标和兴趣,努力不懈地追求进步,让自己的每一天都比昨天更好。著名的女打击乐独奏家伊芙琳·格兰妮之所以能够取得成功,就是由于她是个有主见的女人。

伊芙琳·格兰妮出生在苏格兰北部的一个农场,小时便对音乐产生了浓厚的兴趣。随着年龄的增长,她渐渐坚定了自己的音乐理想。但不幸的是,医生告诉格兰妮,她的耳朵会在12岁时彻底聋掉。

父母和老师开始劝阻格兰妮,希望她不要再浪费时间。但是,格兰妮只听自己的话,对音乐充满了热情。她勇敢地向伦敦著名的皇家音乐学校提出了入学申请。学校老师和学生都表示反对,因为在他们看来,让一个耳聋的人去学音乐简直是天方夜谭。但是,格兰妮用演奏征服了所有人。

结果，从这所学校毕业后，格兰妮真正成为了一名真正的打击乐独奏家。她的音乐传遍了全世界，感染了无数的音乐爱好者。

正如格兰妮所说："最初时我就已经决定，一定要实现自己的音乐梦想，不被任何人的意见所左右。"事实也证明，她成功了。不管做任何事，都要有主见，不要被他人的论断束缚脚步；要向着自己心灵所指的地方，勇敢地向前走。

一味地听他人的话，别人让你怎么做你就怎么做，就会失去自我。他人追逐的理想并不是你的目标，你有你的路，与其眼看着别人的美好，不如用心经营好自己的理想。

比尔·盖茨说："做自己喜欢和善于做的事，上帝也会助你走向成功。"从成功心理学的角度来看，判断一个人是不是成功，最主要的是看他是否最大限度地发挥了自己的优势。研究发现，人类一共有400多种优势。具体有多少优势并不重要，重要的是要知道自己的优势是什么，然后将生活、工作和事业发展等建立在自己的优势上。

所以，要想成功，就不能一味地盲目跟风，不能模仿别人；把别人对自己的看法看得太重，只会压抑了自己。很多时候，我们大可显现出真正的自我。要提醒自己：别人眼中的理想不一定会使自己快乐，完全可以用自己目标的实现来尝试成功与快乐的滋味，并且要设定自己的成功标准。

仅仅追求外在成功的人，其实都没有自己真正喜欢做的事，他们真正喜欢的只是名利，一旦在名利场上受挫，内在就会感受到巨大的空虚。而成功者都认为，把自己真正喜欢做的事做好，做得完美，让自己满意，才是成功。

有个男孩子出生在一个贫穷的犹太人家里，他性格内向、懦弱，毫无男子汉气概；他敏感多愁，总觉得周围环境对他产生压迫和威胁，他总想防范和逃避。父亲想把他培养成一个标准的男子汉，希望他做事风风火火、宁折不弯、刚毅勇敢。

在父亲粗暴、严厉而又自负的培养下，男孩的性格不但没有变得刚烈勇敢，反而更加懦弱自卑，并从根本上丧失了信心，结果生活中每个细节、每件小事，对他来说都是不小的灾难。

男孩在困惑痛苦中长大，整天都在察言观色，只能独自躲在角落里悄悄咀嚼受到伤害的痛苦，小心翼翼地猜度着又会有什么样的伤害落到自己身上。看他的样子，简直没出息到了极点。可是，令人们始料未及的是，男孩后来却成了20世纪上半叶世界上最伟大的文学家之一，他就是奥地利的卡夫卡。

卡夫卡的成功在于他找到了适合自己的目标，他内向、懦弱、多愁善感、情感丰富、感情细腻，适合从事文学创作。在为自己营造的艺术王国中，在这个精神家园里，他的懦弱、悲观、消极等弱点，反倒使他对世界、人生和命运有了更尖锐、敏感和深刻的认识。在作品中，卡夫卡把荒诞的世界、扭曲的观念及变形的人格，解剖得更加淋漓尽致，给世界留下了许多不朽的巨著。

的确，人的性格是与生俱来、不可随意硬性逆转。就像我们的双脚，脚的大小无法选择，因此抱怨双脚是没用的，选择一双适合自己的鞋才是明智的做法。追逐他人的梦想只能让自己陷入困境，明确自己的目标并努力实现才是真正应该做的。

与其羡慕他人，不如多些努力

有一则寓言：

猪说：“如果让我再活一次，我要做一头牛，工作虽然有些累，但能赢得好名声，让人爱怜。”

牛说：“如果让我再活一次，我要做一头猪，吃了睡，睡了吃，不用出力，不用流汗，活得就像个神仙。”

鹰说：“如果让我再活一次，我要做一只鸡，渴了有水喝，饿了有米吃，困了有房住，还受人保护。”

鸡说：“如果让我再活一次，我要做一只鹰，可以到天空翱翔，可以飞跃崇山峻岭，可以任意捕兔杀鸡。”

……

每个动物都看不到自己的优点，都羡慕其他动物，是不是很有意思？风景自在别处，你的心在哪里？

很多人总会不由自主地羡慕别人拥有的东西，羡慕别人的工作，羡慕别人买的新房，羡慕别人的车子，羡慕别人有个好儿子……唯独忽视了一点，自己也是别人所羡慕的对象。

很多人只看到成功者光彩的一面，却没有看到他们为之付出的汗水，正如陈欧所言："你只闻到我的香水，却没看到我的汗水。"没有一帆风顺的成功，与其羡慕他人的成功，倒不如自己乖乖地努力。

人的一生，总有这样或那样的幻想，看到别人出入高档场所，每天过着众星捧月的生活，很多人都会心动不已，可是问问自己：你努力了吗？羡慕别人有用吗？心动不如行动，努力奔跑才会成功，因为生活永远不会亏待努力的人。

出身低微的陈霸先，最终逆袭成为南北朝时期陈朝的开国皇帝，他是如何成为陈武帝的呢？

陈霸先出生于梁武帝天监二年（503年），幼年时家境贫寒，他非常喜欢读兵书，喜欢打鱼练武，兴趣广泛。先后历任乡间里司、小官油库吏。之后，任广州府中直兵参军，出任西江督护、高要太守。

大同九年（541年），土豪李贲发起叛乱，赶跑了刺史萧咨。四年后，梁武帝任陈霸先为交州司马，领武平太守，随新任交州刺史杨日票前往交州讨伐李贲。陈霸先返回广州，召聚将士，备办军资。经过三年苦战，终于除掉了以李贲为首的地方分离势力。

梁太清二年（548年）八月东魏降将侯景举兵反梁，次年三月，攻破宫城，梁武帝病饿而亡，太子萧纲被侯景扶为皇帝。由于镇守广州的梁宗室曲江侯萧勃不想讨伐，陈霸先只好遣使往江陵，投到梁武帝第七子、湘东王萧绎帐下，受其节制。

梁承圣三年（554年），西魏破江陵，梁元帝被杀。王僧辩与陈霸先商定，以萧方智为梁王、太宰，秉承皇帝旨意。一年后，王僧辩为北齐军势所慑，屈事北齐，迎立北齐扶植的萧渊明为梁帝，以萧方智为太子，陈霸先苦劝无效。同年九月，陈霸先袭杀王僧辩，废黜萧渊明，拥立萧方智为帝，改元绍泰，为梁敬帝。陈霸先任尚书令、都督中外诸军事、车骑将军，领扬、南徐二州刺史，掌握实权。

陈霸先有志于祖国统一大业，平定侯景之乱后，曾亲自领兵三下广陵，收复失地。陈霸先于太平二年（557年）禅梁称帝，实际上受命于危难之际，既是民情所需，也是时局所迫。陈霸先生逢乱世，尽管身经百战，收拾的却是百废待兴的江山，在位三年，任贤使能，政治清明，江南局势渐趋稳定。

追求成功，就如同徒步登楼。上楼时，自己的重力起阻力作用，要达到目标，就要努力克服重力。这是个战胜自己的过程，难免使人感觉辛苦。但如果想看到别人看不到的风景，不仅要克服重力，还要付出更持久的努力。如此，一个人的努力程度，就会影响自己到达楼层的高矮。

不能忍受一时辛苦，只能住到地面，甚至地下。只有坚持努力、乐于克服挫折前进的人，才能顺利到达顶楼，将整个城市的夜景一览无余，得到他人的艳羡。渴望成功，渴望被他人、被世界瞩目，却迟迟不肯付诸行动去规划梦想、实现梦想，最终只能与成功擦肩而过。

与其心生嫉妒，不如做些自省

嫉妒，是一种致命的毒药，超越是开启成功的钥匙。与其嫉妒别人，不如超越别人；与其妒忌别人，不如自省。

在《三国演义》中有个周瑜和诸葛亮的故事：

周瑜嫉妒诸葛亮的聪明才干，想方设法刁难诸葛亮，想让他难堪，可是诸葛亮足智多谋，每次都能出奇制胜地让周瑜甘拜下风。周瑜屡战屡败，哀叹道："既生瑜，何生亮！"之后，便被诸葛亮给活活气死了！

其实，周瑜千方百计想让诸葛亮难堪，想除掉他，都是因为嫉妒心在作怪！生命中，我们总会遇到各种各样的成功者，面对他人的成功，需要的不是嫉妒，而是积极的自我反省，问问自己为什么不成功。

每时每刻都要反省自己，反省自己是不是做了一件自以为很对却错的一塌糊涂的事；反省自己是不是走入了人生的歧途；反省自己是不是应该每天都要尽量微笑……只有通过反省，才能更好地认识自己，改正自己的不足之处。

一天，有只乌鸦向东方慢慢飞去。

在途中，乌鸦遇到一只鸽子，一起停下来休息。

鸽子关心地问乌鸦："乌鸦，你要飞到哪里去？"

乌鸦生气地回答："鸽子老弟，这里的人都嫌我声音难听，我想到其他地方去。"

鸽子听后，立刻忠告乌鸦说："乌鸦老兄，你飞到其他地方，同样还会有人讨厌你。不懂反省自己，不改变自己的声音和形象，到哪里都没人欢迎你。"

乌鸦听了，惭愧地低下了头。

在现实生活中，许多人都像乌鸦一样，喜欢责怪别人，怪环境不好，怪别人不喜欢自己、不欢迎自己，却不反省自己的所作所为是否值得他人尊重及欢迎。不反省自己，只责怪别人和环境，就会像那只乌鸦一样到处惹人讨厌。

原一平27岁时进入日本明治保险公司，开始了自己的推销生涯。当时，他穷得连中餐都吃不起，只能睡在公园的躺椅上休息。

一天，原一平向一位老和尚推销保险，做了详细的说明后，老和尚平静地说："你的介绍，丝毫引不起我投保的意愿。"老和尚看了原一平良久，接着又说："人与人之间，能够这样相对而坐时，一定要具备一种强烈吸引对方的魅力，如果你做不到这一点，也就没什么前途可言了。"

原一平一句话都说不出来，冷汗直流。

老和尚又说："年轻人，先努力改造自己吧！"

"改造自己？"

"是的，要改造自己先认识自己，你知不知道自己是一个什么样的人？"老和尚又说，"你在替别人考虑保险之前，必须先考虑自己，认识自己。"

"考虑自己？认识自己？"

"是的！赤裸裸地注视自己，毫无保留地彻底反省，然后才能认识自己。"

从此，原一平开始努力反省自己，改善自己，大彻大悟，终于成为一代推销大师。

做人，就要经常自我反省。

认识自己、改造自己，是一生中需要努力追寻的目标。问问自己：哪种事情适合自己干？如何让周围的朋友喜欢自己？这些问题的答案，都是你事业成功的关键。进入推销行列，首先便是推销自己——你的形象、你的修养、你的气质、你的人格。步入其他行业，就要满足那个行业中的要求。在这个过程中，就要不断地改正自己。

1995年，因特网浪潮一浪高过一浪，针对外界的诱惑与挑战，微软公司的一位董事曾就公司的因特网策略问题向比尔·盖茨咨询意见："我们为什么不多做一些与因特网相关的工作？"

比尔·盖茨用近乎玩笑的口吻回答说："这个建议多愚蠢！因特网的所有东西都是免费的，没人能赚到钱。"

当比尔·盖茨宣布微软不会涉足因特网领域后，许多员工都尖锐地提出了反对意见。有些员工甚至还直接发信给盖茨说：这是一个错误的决定。当比尔·盖茨意识到自己的决定并没有得到大多数人支持后，花了大量时间重新认识和理解因特网产业，最终承认自己此前的决定是武断和错误的。

为了扭转公司的方向，比尔·盖茨亲自撰写了《互联网浪潮》这篇著名的文章。同时，还将许多优秀员工调到因特网部门，取消和削减了许多与因特网无关的产品。曾经直言劝谏的员工不但没有受到处分，还被委以重任，逐渐成为公司重要部门的管理者。结果，微软公司很快成了因特网领域的领跑者。

在瞬息万变的行业里，自省的精神、直接的沟通、宽大的胸怀及自我修正的魄力可以让我们临危不乱——从这个意义上说，正是自省拯救了微软公司。

中国传统哲学一向强调自省精神，孔子说："见贤思齐焉，见不贤而内自省也。"这句话告诉我们，看到别人的优点，就要设法使自己也具有同样的优点；看到别人的缺点，就要反思自己，看自己是否也存在类似的缺点。

曾子说："吾日三省吾身。"这也是要求我们经常反思自己，并从反思中获取前进的力量。懂得自省，才能跟上时代的步伐。在科技迅猛发展的年代里，每个人都不可能永远不犯错误，及时的自省和自我批评往往是纠正自己的错误、实现快速转型的关键所在。

在快节奏的信息社会中，如果不能及时察觉自己的缺点，不能用最快的速度纠正自己的发展方向，只能在学业和事业中落伍，被无情的人才竞争所淘汰。

若想成事，必先自成

在同样的工作环境中，为什么有人业绩出色、前途无量，能成就卓越的自我；有人却业绩下滑，碌碌无为，不但平凡，甚至还很平庸？同样的能力资质，为什么有人能得到领导重用而平步青云，有人却原地踏步，拿着微薄的工资？……原因就在于，工作卓越的人时常进行内心的自我修炼，他们严格地自我管理，不断地提升自我。

能否进行自我修炼和自我管理，左右着一个人的成就大小，决定着一个人的事业成败。那么，如何在不可预测的、瞬息万变的时代打造出真正卓越的自我呢？每个人都有成就卓越自我的能力，左右我们的绝不是能力资质，更不是工作环境，而是工作中是否进行了严谨的自我修炼、严格的自我管理。

古人云："欲治其国者，先齐其家；欲齐其家者，先修其身。"的确，只有提高个人素养，才能找到自己安身立命的根本，才能卓有成效地推动各项工作开展。

对我们来说，改变他人和改变环境都是异常困难的，我们所能做的就是在自己身上下工夫，从改变自己开始。成功是一座堡垒，在堡垒的底端，必须不断修身养性，才能向上攀登。正如华人首富李嘉诚所说："一个人要想获得成功,在发展中少走弯路、走得更稳健,就必须不断地修炼内心,修炼处事心境,对自我进行严格的管理,才不至于迷失自我,才能走得更远,才能越来越强大。"

年轻时的曾国藩是个愤青,30岁时他意识到自己的不足,立志做个圣人,他的方法就是写日记。不过他的日记与普通人不同,很像今天的微信朋友圈。

曾国藩的日记篇幅都不长,几十字、一两百字,内容多是生活白描,从早晨起床开始,吃的什么饭、说的什么话,甚至晚上做了什么梦,都一一记录下来,然后回忆自己一天的言行,发现了不符合圣人要求的言行,就加以自责,深刻反省。

更关键的是,曾国藩的日记不光自己看,还让别人看。虽然那时没有互联网,无法将自己的所思所想发布到网上,与粉丝们互动,但曾国藩有自己的办法:他把日记抄录数份,在朋友圈子里传阅,朋友们在后边加批注,谈自己的感想,或批评,或鼓励,就像朋友圈里的点赞、评论一样。

一次,好友倭仁在他的日记后批语道:"我辈既如此学,便须努力向前,完养精神,将一切思维、闲应酬、闲言语扫除净尽,专心一意,钻进里面,安身立命,务要另换一个人出来,方是功夫进步。愿共勉之。"曾国藩看到后,出了一身汗,感叹说:"若不这样做,我就得不到这样中肯的语言。"

还有一次,曾国潘在日记中抱怨骆秉章对他很冷淡,三弟曾国华评论说:"你的面色,也让每个人感到难堪。"这句话让他醍醐灌顶,一下子警醒过来。

日记,是非常私密的东西,通常都会严加保密,不让外人知晓,曾国藩为什么愿意在朋友圈公开？原来，他虽然能在日记中毫不留情地剖析自己，但自己的缺点、错误或陋习改正起来却非常困难，总是改了犯，犯了改，改了再犯。

内修效果不理想，让曾国藩认识到仅靠自我反思、自我监督是不行的。于是，他把自己的日记公开，让众多的眼睛看着自己。同时，通过亲人朋友的点赞、评论、提醒来提示自己，形成强大的外在监督力量。

靠自己监督自己，往往靠不住，只有在外界的压力下，才能发生真正的改变。曾国藩天资并不聪慧，但却能够成为"内圣外王"式的人物，成为清朝的"中兴之臣"，与他注重自我修养，自己不断完善是分不开的。

一个人最难战胜的，就是自己。即使自制力再强，也有被自己打败的时候。所以，真正强大的人，不是向外显现力量，而是能放下身段，放低自己，不断从外界汲取力量。这，正是曾国藩最聪明的地方。

要想成为最好的自己，不仅要挖掘自己的潜能，发展自己的能力，还要修炼自己的精神境界，塑造自己的优良品质。德才兼备、全面发展，才能做最好的自己，才能创造出最美好的人生。

第三章

没有规划的人生不值一过

只有了解自己，才能知道自己适合做什么

人生最大的不幸，就是一辈子不认识自己。古希腊哲人苏格拉底留下的语录不多，但"认识你自己"却是振聋发聩的一句。苏格拉底觉得自己一无所知，喜欢向他人发问，在彼此的探讨中获取知识。

孔子对认识自己也有鲜明的态度。《论语》开篇的第一段就讲"人不知而不愠"，意思就是：一个人，别人不了解你，不要生气，因为那不重要，重要的是认识自己。

这些伟大的哲人都告诉我们：不认清自己的真面目，不能发现自己的优势，就很难将自己的命运掌握在自己手中，也就不可能取得成功。

刘知远出生于唐昭宗乾宁二年（895年），为人沉稳，不喜欢玩乐。青少年时期，李克用、李存勖父子割据太原，刘知远在李克用的养子李嗣源部下为军卒。当时，石敬瑭是李嗣源部将，战斗中刘知远不顾自己的生死安危，两次救护石敬瑭脱难。石敬瑭非常感动，将刘知远留在自己帐下，做了一名牙门都校。

后唐清泰三年（936年），刘知远升任马步军都指挥使。同年，石敬瑭假借契丹军的力量，消灭后唐，在太原称帝，建立了后晋，即晋高祖。之后，刘知远靠着卓越的军政才能，历任检校司空、侍卫马步都指挥使、点检随驾六军诸卫事等职，身份显贵。石敬瑭去世后，养子石重贵即位，刘

知远迁检校太师，进位中书令。

后晋开运元年（944年），契丹主耶律德光率军南下，直接抵达澶州，派蕃将伟王领兵进入雁门关。刘知远作为幽州道行营招讨使，在忻口打败伟王，之后诛杀了吐谷浑、白承福等部族共四百人。在这段时期，刘知远打算称霸河东，成就王业，对朝廷的诏命阳奉阴违，一方面不服调遣，作战中逗留不进，一方面也主动出击一下。

晋开运四年（947年）正月一日，契丹进犯京师，俘虏了后晋少帝石重贵，后晋灭亡。刘知远的威望一天超过一天，众心所归，让他登上帝位。刘知远看准时机，在太原称帝，建立了后汉政权。

这个故事再一次提醒我们：对我们来说，最重要的就是要学会面对真实的自我。只有了解自己，才能知道真正适合自己的是什么。

美国有个著名的企业家，在自传中谈自己的管理经验，讲到这样一件事：

几个优秀的年轻人到我的公司就职，但时间不长就提出了辞职，理由是没受到重视。虽然他们都很有才华、很有抱负，但我还是毫不惋惜地批准了他们的辞呈。我觉得，这几个年轻人不能正确认识自己，摆不正自己的位置，没有看到企业是个高度分工又高度协作的现代化组织，一味强调突出自我。

由此可见，恃才自傲或不能准确自我定位，是很难在事业上取得突破性的进展与成功的。要想在社会上、职场上立足，关键就要正确认识自己的才能，发现自己的才华；高度估计自己，只能好高骛远一场空。

不管想成为什么，都要先去了解你的目标

在希腊帕尔那索斯山南坡入口处的石头上有这样一行字："认识你自己。"这行字总是在提醒我们：正确地评价和认识自己，是确立奋斗目标的前提。没有经过深思熟虑的目标，没有从自己实际出发的目标，无论你怎样努力，最终也很难成功。

很多人都有虚荣心，经常会将别人的看法与喜好当成自己人生的方向，从而忽视了自己的目标，结果一无所成。聪明者都会时常扪心自问：我到底想要什么样的生活，什么样的生活才是我力所能及的？

南唐烈祖李昪，父亲是个虔诚的佛教信徒。六岁时，父亲在战乱中去世，他随母亲跟着伯父一起到了淮南。不久，母亲也不幸去世，李昪成了孤儿，只好到寺庙里求生。后来，李昪做了徐温的养子，改名为徐知诰。

长大后的徐知诰，不但相貌出众，而且胆略过人。909年（后梁开平三年），徐温遥领升州刺史，任命徐知诰为升州防遏使兼楼船副使，在升州治理战舰。

912年（乾化二年），徐知诰攻打宣州（今安徽宣城），立下赫赫战功，升任升州刺史。当时，江淮地区刚平定，地方长官多是武夫出身，只知道搜刮民财来供养军队；而徐知诰则与众不同，他勤俭好学，重视儒

生，宽仁为政，得到民众赞誉。五年后，徐温看到升州富庶，便将镇海军治所迁到升州，改封徐知诰为检校太保、润州（今江苏镇江）团练使。

徐知训被大将朱瑾杀害后，徐知诰得到消息，抢先赶到广陵平乱，控制了南吴朝政。执政后，为了收揽民心，徐知诰宽缓刑法，推广恩信，为了接待各方人士，还建造了延宾亭；之后，不仅吸纳宋齐丘、骆知祥、王令谋等人成为自己的重要谋士，还任用流落在境内的其他士人；他还派人到民间了解疾苦，遇有婚丧匮乏的，便为其提供版主，赢得了人们的好感。

徐知诰担任镇海、宁国节度使后，出镇金陵，任命儿子李景通为司徒、同平章事，将他留在广陵辅理朝政。之后，徐知诰推掉尚父、丞相之职，开设大元帅府，设置官员。这时，闽国、南汉等国都遣使者前来，劝徐知诰称帝。

天祚三年（937年），徐知诰建立齐国，并任命宋齐丘、徐玠为左右丞相；同年十月，徐知诰受禅称帝，国号大齐，并尊杨溥为高尚思玄弘古让皇帝，追尊徐温为太祖、谥曰忠武皇帝。两年后，徐知诰恢复李姓，改名为昪，改国号为唐，史称南唐。

曾任美国财务顾问协会总裁的刘易斯·沃克在一次接受采访时，记者问他："受到什么因素的影响，人们无法到达事业的巅峰呢？"沃克脱口而出："模糊不清、不切合实际的目标。这种目标不够具体、脱离实际，确立这样的目标，成功的希望非常渺茫。"

成功者之所以能够成功，不仅是因为他们能够将自己的目标付诸实践，更重要的是，他们懂得分析自己所处的环境、能力和知识水平等外在因素，进而为自己确立一个符合实际的目标，真正地了解自己的目标。

为自己确立一个目标是一个好习惯，在确立目标之后付诸实践也非常重要。但是，为自己订立一个符合实际的目标更为可贵。只有为自己确立了符合实际的目标，才有实现梦想的希望；不符合实际，即使目标再宏伟，也是妄想。

成功者都有一种能力，都能在相同的时间里完成比别人更多的工作，因为他们都有着明确的目标、清楚的计划、安排有序的日程。目标越清楚，成效越显著！

时间对于每个人都是公平的，不会多给你一分，也不会少给他一分，只要目标清晰，就不会浪费时间。成功与失败、幸福与苦涩，它们的区别仅在一念之间——目标是否清晰。成功和幸福的来源有 80% 都在于目标的清晰上，缺乏清晰的目标，绝对是苦恼和低水平表现的最大来源。

目标，不仅要存在于心中，还要把它清晰地写在纸上，把它贴在墙上，或记在日记本里。因为，成功就是目标，其他的一切都是对成功的注脚。对自己真正想要的东西想得越周全，认识得越清晰，取得成功的可能性就越大。要想取得成功，仅仅立下目标是不行的，还得对它进行尽可能多的思考，为它进行反复的记录和修改。

为自己尽早设定一个人生目标

只有确定了明确的目标，才会获得成功。大多数人之所以无法达成他们的目标，原因主要在于，从来没有真正定下生活的目标。没有目标，就只能在人生的旅途上徘徊，永远到不了任何地方。

戴高乐曾说："眼睛所看着的地方就是你会到达的地方。"的确，如果说成功是一个广义的概念，那么目标就是这个广义概念中的最核心部分。要想把看不见的梦想变成看得见的事实，首先就要尽早制定目标，这是人生中一切成功的基础。因为目标会引导你的一切想法，而想法便决定了你的人生。

1952年7月4日清晨，在加利福尼亚海岸以西21英里的卡塔林纳岛上，34岁的费罗伦丝·柯德威克涉水进入太平洋中，向加州海岸游去。要是成功了，她就是第一个游过这个海峡的妇女。那天早晨，雾很大，海水冻得费罗伦丝身体发麻。在海水中游了15个小时后，她已经筋疲力尽，望着一望无际的大海，她决定放弃，叫人拉她上船。这时候，她才知道，此地离加州海岸只有半英里！费罗伦丝后悔万分地说："我不是为自己找借口，如果当时我能看见陆地，也许就能坚持下来。"

很多时候，不是我们没有热情，没有能力，而是在奋斗的过程中，没有及早设定一个人生目标，以至于在奋斗的过程中，面前一片茫然，不知道前路在何方，于是，果断放弃，结果失败。相反，如果能够及早给自己设定一个目标，在目标的指引下，明确自己前进的方向，只要努力，就会离成功越来越近。

狄克出身贫寒，穷困潦倒。中学毕业后，到一家酒店做服务生，他每天的工作就是替客人搬行李、擦车。

一天，一辆豪华的劳斯莱斯轿车停在酒店门口，车主人吩咐："把车洗洗。"刚毕业的狄克从没见过这么漂亮的车子，感到很惊喜。他一边洗，一边欣赏这辆车。擦完后，他忍不住拉开车门，想上去享受一番。这时，正巧领班走了出来："你在干什么？穷光蛋！你不知道自己的身份和地位吗？你这种人一辈子也不配坐劳斯莱斯！"

狄克觉得很受侮辱，从此发誓："这辈子不但要坐上劳斯莱斯，还要拥有自己的劳斯莱斯！"他决心强烈，把这当成了人生的奋斗目标。多年以后，当他事业有成时，拥有的已经不止是一部劳斯莱斯轿车了。

可见，如果狄克也像领班一样认命，也许今天他还在替人擦车、搬行李，最多做一个领班。而受辱的经历让他在很小的时候就确立了人生目标并为之努力奋斗，最终成就了自己。所以，不尽早确立明确的目标就谈不上成功，要想成功，首先就要尽早为自己设定一个人生目标。

正如空气对于生命一样，目标对于成功也有绝对的必要。没有空气，没有人能生存；没有目标，没有人能成功。所有的成功都从目标开始，目标是实现梦想的动力，而尽早确定目标，今后的行动也就有了方向。

奥格·曼狄诺说："一颗种子可以孕育出一大片森林。"而这颗种子，就是伟大的目标。没有航向的船，永远靠不了岸；没有目标的人，只能在人生的旅途上徘徊，永远到不了目的地。事实证明，越早给自己制定目标，成功就会越快。

孙正义19岁时为自己做过一个50年生涯规划：20多岁时，向投身的行业，宣布自己的存在；30多岁时，有1亿美元的种子资金，足够做一件大事情；40多岁时，选一个非常重要的行业，把重点都放在这个行业上，并在这个行业中取得第一；50岁时，完成自己的事业，公司营业额超过100亿美元；60岁时，把事业传给下一代，自己回归家庭，颐养天年。孙正义逐步实现着自己的计划，从一个小老板的儿子，到今天闻名世界的大富豪，只用了短短的十几年。

富人与穷人的区别就在于，富人在很早的时候就给自己确立了奋斗目标，因此要想成为富人就必须确定成为富人的目标。只有提前确定好自己的人生目标，才能成为一艘有航行目标的船。只要挣得第一桶金，赚第二个100万天比第一个100万要简单容易得多。

目标，是赛跑的终点线，是跳高的最高点。没有目标，就会变成没头的苍蝇，盲目而不知所措；提前确立目标，长大后就不会因碌碌无为而悔恨。成功始于目标，尽早给自己设定一个目标，才能走向成功。

目标分阶段，实现起来更容易

在现实中，很多人做事之所以会半途而废，往往不是因为难度较大，而是觉得成功离得太远。很多企业之所以会倒闭，不是因为它们的目标太大不可能完成，而是因为它们没有给自己设定阶段性目标。

将长远目标分解为多个易于达到的阶段目标，每达到一个阶段目标，就会体验到成功的感觉。这种"感觉"会强化创业者的自信心，并推动创业者稳步发掘潜能去实现下一个目标。

创业的一开始就想做比尔·盖茨，学哲学的一上来就想超过黑格尔，这种人可能最终会一事无成。有了目标以后，要分阶段去实现。如果你的目标是爬珠穆朗玛峰，现在就去爬，爬到6000米就会倒下，非死不可。只有一步步地去爬，经过三四年的爬山训练，从爬2000米的山开始，再爬更高的山，先空手爬山，然后背上背包爬山，最后才能爬珠穆朗玛峰。

赚钱这个目标很平凡，但关键是看你怎么看待赚钱这件事。比如，有些人没什么能力，一上来就想赚大钱，一点基础都没有就想做大事业，肯定是不行的，也无法取得成功。俞敏洪认为："人要不断地给自己创造成就感，可以通过设立阶段性目标来拥有这种成就感。"出国留学失败后，俞敏洪重新确定了比较现实的小目标——赚点钱养家糊口。

正确对待自己的能力很重要！任何大目标都能分成许多小的目标去实现，即使你不能一下子达到最高目标，只要一步步地向前走，最终也能实现。

每个目标的实现都是为下一个更高的目标做准备。不管做任何事情，无论多么难，只要分几步走，就一定会成功。成功是一个化整为零、循序渐进的过程，并非一蹴而就的坦途。

很多人容易颓废，觉得任务太难了完不成，就会产生焦虑心理，只好选择暂时逃避，明天再做吧。可是，明日复明日，一拖再拖；一旦把任务分成比较容易的小块，化整为零，降低任务难度，推迟自己要放弃的心态，每天就能完成更多的任务。

1968年，罗伯·舒乐博士打算在加州用玻璃建造一座水晶大教堂。他将自己的构想告诉了著名建筑设计师菲利普："我要的不是一座普通的教堂，而是人间的伊甸园。"

菲利普问舒乐预算是多少，舒乐坚定地说："现在我连一毛钱都没有，所以对我来说，100万美元和400万美元没有区别。重要的是，这座教堂要具有足够的吸引力，能够吸引众多捐助者的到来。"

教堂最终敲定需要的预算是700万美元。这个数字不但超出了舒乐博士的承受能力，甚至也超出了他的想象范围，其他人也都对舒乐博士说"这似乎不可能"，但舒乐博士却想出了一个化整为零的方法。

他在一张纸上写上"700万美元"，然后在这个目标下面写道：

1. 找1笔700万美元的捐款；
2. 找7笔100万美元的捐款；
3. 找14笔50万美元的捐款；

……

9. 找 700 笔 1 万美元的捐款；

10. 卖教堂 1 万扇窗户的署名权，每扇 700 美元。

在这神奇的化整为零的方法作用下，舒乐博士仅用了一年时间，就筹集到了足够的款项。

据说，水晶大教堂总共耗资 2000 万美元，但在舒乐博士将这宏伟的目标化整为零之后，奇迹般地募集了足够的资金，大教堂最终成了加州胜景。

这张目标地图原本令人望而生畏，似乎还是一个无论如何都无法企及的目标，但是化整为零后，成了一个又一个可实现的小目标。即使在追求目标的过程中遭受挫折，但只要能够看到为了每个小目标而忙碌的回报，就能不断应对压力和挑战。

俄国大文豪托尔斯泰说过："人要有生活的目标：一辈子的目标，一个阶段的目标，一年的目标，一个月的目标，一个星期的目标，一天的目标，一小时的目标，一分钟的目标，还得为大目标牺牲小目标。"就是说，只要将目标细化，将伟大的目标分解为小目标，就能在不知不觉中，一点点地实现自己的伟大目标。

确立人生目标，眼光应该放长远

思想有多远，我们就能走多远。在同一条起跑线上，态度决定一切；用美好的心情感触生活，手头的小工作也是大事业的开始，能否意识到这一点，意味着能否做成一项大事业。

古人云："有志者，事竟成。"所谓志，就是指一个人为自己确立的远大志向，成功的人必然是一个具有长远眼光的人。

戴高乐说："眼睛所到之处，是成功到达的地方，唯有伟大的人才能成就伟大的事，他们之所以伟大，是因为他们决心要做出伟大的事。"田径老师会告诉队员："跳远时，眼睛要看着远处，你才会跳得更远。"由此可见，要想成就一番大事业，必须树立远大的理想和抱负，有深远的思想和广阔的视野，按照既定目标，坚持不懈。

马云总是这样让人意想不到，你以为他会向东，他却偏偏向西；你以为他会用剑，他却拿起了长枪，让你不知从何下手。结果，战略一次次完善，新战略不断被发起，生意越来越好做。

马云曾阐述过自己对于阿里巴巴的梦想：让天下没有难做的生意。从阿里巴巴诞生的那天开始，阿里巴巴的电子商务模式就得到了权威机构的肯定，被硅谷、互联网风险投资者称作"第四种模式"。

2001年，阿里巴巴推出了"中国供应商"服务，全国推荐了优秀出口企业、商品，并推出"阿里巴巴推荐采购商"服务，在网上进行跨国采购。同年，阿里巴巴还推出了诚信通。没过多久，哈佛商学院就将阿里巴巴经营管理实践、转型期管理实践作为 MBA 案例。

2007 年 7 月 28 日，马云向 6000 多名员工宣布，阿里巴巴的 B2B 业务正式启动。全场瞬间沸腾，不管是马云提出的"每天盈利 100 万元"，还是"每天缴税 100 万元"，都远不及阿里巴巴 B2B 公司在香港联交所公布招股书更具说服力。之后，阿里巴巴筹资 14.9 亿美元，成为融资仅次于谷歌，位居第二的大规模网络上市公司。

虽然有了这一切，可马云并未满足。马云的梦想总能超过人们的想象，在他看来，十年、二十年后阿里巴巴不一定仍旧是互联网公司，可能成为送人上月球的公司。从这儿也能看出，马云的目标不是一般的长远。

一个人有目标时的状态和没目标时的状态是截然不同的，有目标的人和漫无目的的人也是截然不同的两种人。同时，不同的目标清晰度和长远程度对人生也会产生不同程度的影响。一般来说，目标越清晰，实现的可能越高；目标越长远，获得的成就就越大。

哈佛大学曾对此做过一个跟踪调查，被调查的人都是一群智力、学历、成长环境差不多的年轻人。从收到的 600 份调查问卷中可知：27% 的人没有目标，60% 的人有模糊的目标，10% 的人有清晰但短期的目标，3% 的人有清晰且长期的目标。

连续 20 年的跟踪，结果显示：3% 有清晰且长期目标的人，一直都在朝着同一个方向努力，几乎都成了社会各界顶尖的成功者；10% 有清晰但短期目标的人，大都生活在社会的中上层，他们的短期目标不断达成，状态稳步上升，最后成了各行各业的专家；60% 有模糊目标的人，几乎都处于社会的中下层，能够安稳地工作，但没什么特别的成绩；剩下那 27% 没有目标的人，几乎都在社会的最底层，过得很不如意，常常失业，需要依靠社会救济，并且总是抱怨。

赫勃脱曾说:"对于没有目的地的船来说,所有风向都是逆风。"同样,对于没有目标的人来说,所有的处境都是逆境。这从上面的跟踪调查就能看出,同样是20年,有目标的人生和没目标的人生有着天壤之别。所以,人生要想有所成就,就要确立明确的人生目标;要想有大成就,就要树立长远的目标。

设定的目标要比自己的能力高一点

确定好人生定位后,要给自己设立一个为之奋斗一生的目标,一个让自己充满奋斗激情的清晰的目标,如此,才能有的放矢地集中全身力量努力去实现它。

设立目标,可以使自己产生积极性。设立目标至少有两个方面的作用:第一,是自己努力的依据;第二,是对自己有效的鞭策。目标就是给自己确立的一个看得见的射击靶,不断努力去实现这些目标,就能产生成就感。世界上之所以会有众多人不成功,就是因为他们对心目中的世界没有一幅清晰的图画。

年轻时,项羽看到秦始皇出巡时的排场,非常羡慕,给自己设立了"取而代之"的目标。后来,他果然灭掉了秦王朝。

南宋朝将领宗悫小时候就给自己树立了"当乘长风破万里浪"的目标,结果建功立业。

韩国前总统金泳三从小就在自己的卧室里写下"金泳三——未来的韩国总统",最终成了韩国总统。

富兰克林年轻时给自己设定了将来必须具备的13种特质，后来他真的具备了包括宽容、坚毅、勇气、爱心在内的13种特质。所以，富兰克林说："你认为自己是什么样的人，就能成为什么样的人！"

每个人的潜力都是巨大的，每个人的心中都有一座宝藏，每天都向自己规划的方向和设定的目标努力，就能成为自己想成为的那个人。

世界上所有的事物在开始时都是人们想象出来的，所有的成功都源于最初的目标设定。但是，设定目标也不是简单的事情，必须充分了解自己、正确定位，然后将自己的目标制定的比能力高一点。

有三只小鸟，为了区分，暂时叫作甲、乙、丙。它们一起出生，掌握了基本的生活技能后，为了找到成家立业的位置，它们一起从巢里飞出去。

三只小鸟很快飞到一座小山上。小鸟甲落到一棵树上，说："哎呀，这里真好，这么高。你们看，那成群的鸡鸭、牛羊，连大名鼎鼎的千里马都在羡慕地向我仰望呢。能够生活在这里，我们应该满足了。"另两只小鸟失望地摇了摇头说："好吧，你既然喜欢这里，就留下吧，我们还想再到高处看看。"

另两只小鸟飞呀飞呀，终于飞到了色彩斑斓的云彩里。小鸟乙陶醉不已，情不自禁地唱起歌来，它沾沾自喜地说："我不想再飞了，这辈子能飞上云端，我觉得已经十分了不起了。"

小鸟丙难过地说："不，我坚信一定还有更高的境界。"说完，它振翅翱翔，向着九霄和太阳执着地飞去……

最后，落在树上的小鸟甲成了麻雀，留在云端的小鸟乙成了大雁，飞向太阳的小鸟丙成了雄鹰。

把目标设定得高一点，努努力、跳跳脚也许就达到了；把目标设定得低了，有可能连低的也达不到。可见，文中鸟儿的结局并不偶然，在它们当初选择时就已经决定了。

罗马纳·巴纽埃洛斯是一位年轻的墨西哥姑娘，16岁就结婚了，之后生了两个儿子。后来，丈夫离家出走，罗马纳只好独自支撑家庭。她决定谋求一种令她自己及两个儿子感到体面和自豪的生活。

罗马纳用一块普通披巾包起自己的全部财产，跨过里奥兰德河，在得克萨斯州的埃尔帕索安顿下来，应聘到一家洗衣店工作，一天仅赚一美元。可是，她从来都没忘记自己的梦想——在贫困的阴影中创建一种受人尊敬的生活。她的口袋里有7美元时，便带着两个儿子乘公共汽车来到洛杉矶寻求更好的发展。

罗马纳拼命攒钱，直到存了400美元，之后跟姨母共同买下一家拥有一台烙饼机及烙小玉米饼的店。她们制作的玉米饼非常成功，后来还开了几家分店。最后，姨母觉得工作很辛苦，便将股份卖给了她。经过她的经营，小玉米饼店铺成为全国最大的墨西哥食品批发商，拥有员工300多人。

经济上有了保障，这位勇敢的年轻妇女重新树立了目标——提高美籍墨西哥同胞的地位。后来，她便和朋友们在东洛杉矶创建了"泛美国民银行"，主要为美籍墨西哥人居住的社区服务。如今，这家银行取得伟大成功的故事在东洛杉矶已经传为佳话，她的签名出现在无数的美国货币上，她也成为美国第34任财政部长。

一名默默无闻的墨西哥移民胸怀大志，后来竟成为世界上最大经济实体的财政部长。罗马纳的经历足以说明：梦想和目标越大越好，即使它是梦境般的理想也没关系，因为空想是达成愿望前的一个出发点。

确立目标，制订一份实施计划

要想成功，仅仅设定和分解目标还远远不够，即使具备了知识、技巧、能力、良好的态度，掌握了成功的方法，懂得比任何人都多，不采取行动，所有美好的愿望也都是虚无缥缈、可望不可即的，依然无法取得成功。

比尔·盖茨说过："想做的事情，要立刻去做！"当"立刻去做"从我们的潜意识中浮现时，就要果断地付诸行动。21世纪是个"快鱼吃慢鱼"的信息时代，资源共享，信息传递飞快，只有快速行动，才能在激烈的竞争中获得更为有利的位置，才能把握住一个个转瞬即逝的机会。

目标确立并不难，更重要的是执行，因此，要在制定目标后，立刻制订一份实施计划。

1961年5月25日肯尼迪总统提出一个惊人的目标："我国要致力于未来10年内实现送人登陆月球，并且安全返回地球的任务。"当时，最乐观的科学评估认为，成功的机会只有50%。美国国会确认这一目标后，立刻拨出5.49亿美元，并同意在以后5年内拨出数十亿美元的经费，组建专业团队倾力为这个目标贡献，最终完成了这个具有重大意义的目标。

设想，如果当时这个登月目标被拖延了，人类一项新的重大进步也将被滞后很多年。对已经确立的目标来说，下一步就是制订计划，立刻执行。领导者如果对确定好的目标进行拖延或不执行，成员就会认为团队是没有执行力的，领导者没有足够的能力且言出不行。如此，成员就会对领导者失去信心和信任，团队也会变成一盘散沙。

目标不是花瓶，需要制订计划，脚踏实地、有步骤地去实现。每个成功者都不是"语言的巨人，行动的矮子"，他们都是行动家，不是空想家，确定了目标后，他们还会给自己制定一份目标实施计划。

一大堆珍珠堆放在一起，旁边放着很多长线，怎样才能拿起更多的珍珠？聪明的人会不慌不忙地把线拿起来，一颗颗地穿起来。同样的道理，一个人的时间和精力都是有限的，不制定工作计划，面对突然涌来的大量事务，就会手足无措、心情烦躁。长时期处于这种工作状态，很容易患上职业倦怠症。要想解决这个问题，就要提前制定一份详细的工作计划，把那些准备要做的事情做个排序，同时将它们记在一张纸上，成为一个顺序表。养成这样的好习惯，每做一件事，就会向目标靠近一步。

一位公司老板去拜访卡耐基，看到卡耐基干净整洁的办公桌，感到很惊讶。他问卡耐基说："卡耐基先生，你没处理的信件放在哪儿呢？"

卡耐基说："所有的信件都处理完了。"

老板接着问："你今天没做的事情交给谁了呢？"

卡耐基微笑着回答："所有的事情都处理完了。"

看到对方困惑的神态，卡耐基解释说："原因很简单，我知道自己需要处理的事情很多，但个人精力有限，一次只能处理一件事情，我就按照所要处理事情的重要性，列出一个顺序表，然后一件一件地处理。"说到这儿，卡耐基双手一摊，耸了耸肩。

"噢，我明白了，谢谢你，卡耐基先生。"

几个星期后，这位公司老板请卡耐基参观其宽敞的办公室，说："卡耐基先生，感谢你教给了我处理事务的方法。过去，在我这宽大的办公室里，我要处理的文件、信件都堆得和小山一样，一张桌子都不够，得用三张桌子。自从使用了你介绍的方法后，情况好多了。瞧，再也没有处理不完的事情了。"

找到了做事的有效办法，几年后他的公司规模越来越大，公务处理起来也更加游刃有余，还能经常抽出时间陪家人度假。

要想创造成功的人生，目标设定非常重要，而计划比目标还重要。没有计划，目标只能是空中楼阁。计划是提高工作效率的有效手段，计划能力是决策能力的体现，通过工作计划，可以将被动等事变为自动自发式地做事。

制订计划可以极大地提高目标实现的成功率，资料显示：制订计划的人的成功率是不制订计划的人的3.5倍；在成功实现目标的人群中，事先制订计划者高达78%；在成功实现目标的人群中，事先没有制订计划的人仅为22%。

当然，除了制定计划外，坚持实施计划也是最终成功的一个关键要素。调查显示，坚持实施计划的人，比中途改变计划的人成功概率高许多。定下明确的目标后，就要一直按着计划往前走。

实现目标的过程中，发现问题及时调整

目标管理的过程并不是一帆风顺的，在目标推进的过程中，很多人都会意识到目标本身存在一些问题，只有快速纠错，才能保证目标继续推

进。无法对错误及时进行调整，只能导致前功尽弃。

并不是所有的目标都值得你倾尽全力，如果目标不能给你带来能量，这个目标也就无法立刻激发你。无法激发你的目标，定然会失败，这样的目标完全可以放下。

关于目标管理的内容有很多，但最重要的是找到自己内心真正的诉求、制订执行有效的计划，并一步步落地。

制定目标本身也许是本能驱动，但是运用方法管理目标则是我们必须要做且十分重要的事。可是，在实施计划时，还要灵活处理，不断地调整和修正计划。当然，这种调整和修正不是频繁地推翻原来的努力重新开始，而是在大方向正确的基础上不断修改、弥补计划实施过程中所犯的小错误。

执着的追求是应该得到称赞的，可是如果明知道不行，依然要一条巷子走到黑；或明知客观条件造成的障碍无法逾越，还要硬钻牛角尖，就不可取了。

目标、志向的调整，是一种动态调整，是随机转移的。发现原来确定的目标与自己的条件及外在因素不适合，就得改弦易辙，另择他径。这种动态调整有以下几种基本形式：

（1）调整主攻方向。如果原定目标与自己的性格、才能、兴趣等明显相悖，目标实现的概率趋向为零，就要适时对目标做横向调整，及时捕捉新信息，确定新的、更易成功的目标。

（2）在原定目标基础上调节。这是主攻方向不变，在知识变革层次的调整。原目标定得过高，只有很小的实现可能，必须调低，继续积累，增强攻关的后劲。如果原目标已实现，则要马不停蹄地制定新的更高层次的目标；若原目标定的太低，轻易就已越过，则要权衡自己的能力、水平，将目标升级。

（3）在获得信息反馈中调节。即在原定目标中受挫而幡然醒悟，调整通道，重新把目标定在自己拿手的领域。美国科学家迈克尔逊，青年时曾入海军学校，但他学习成绩很差，特别是军事课，长期不合格。学校对其多次批评教育，仍然不起作用，最后学校不得不把他开除。但是，他对物理实验却非常感兴趣，被开除后，他投入到对物理的学习和研究中，很快显示出才华。他孜孜不倦，苦苦钻研，攀登了一个又一个高峰，终于做出了被荣称为"迈克尔逊光学实验"的伟大创举，成为美国第一个获得诺贝尔奖的人。

（4）从预测未来中进行调节。社会的需要和个人的兴趣、才能、性格等经常会发生变化，要善于打个"提前量"，进行预测。任何才能都有其萌发期、发展期和衰退期，顺势而为，做出设想、规划，对目标定向大有益处。

（5）对具体阶段目标视情况进行调节。大的目标要终生矢志追求，小的阶段目标可以进行适当调节。

那么，目标在什么情况下需要适时调整呢？一般来说，如下几种情况必须调整人生目标：

第一，环境发生重大变化时。所谓环境的重大变化时刻，是指两个方面发生的重大变化：一是国内外经济、政治、思想文化领域的大动荡；二是人们家庭的经济、政治、亲属关系等发生重大变化。这两个重大变化，对人生目标都将产生影响。我们的原则是，无论环境发生什么变化，具体目标都可以变通，随时做好调节，但总目标要矢志不移。

第二，人才竞争的胜败转折的时刻。奋斗中的成与败，会形成人生道路的转折点。

第三，人生流程中前后两个阶段更替时。这种时刻，是人生转折时刻。这种转折，或发生在人的生理转折时，或发生在人的社会地位突变时，或发生在人的社会智能结构质变前后。

既然认定了目标,就要坚持到底

在所有的职业中,推销员、业务员都是最容易受挫、最容易遭拒绝的工作,也最容易让人厌倦。即使整天都很忙,也没有取得成功,原因无它,大多数都败在自己手中,败在遇到挫折时放弃了自己的追求,缺乏坚持不懈的精神。持之以恒是每个人都应该具备的美德,也是实现人生成功的重要因素。一个人成功与否,要看他有无恒心,能否善始善终。

推广"中国黄页"时,几乎所有的人都认为马云是个骗子,可是他死扛下去。

为了宣传"中国黄页",为了说服一家公司,马云连续跑了五次,可是那家企业的老总却认为他是个骗子。为了说服他,马云收集了大量电子商务资料,为其详细地讲述电子商务,说:"在网上做广告,比在其他媒体上的效果更好。"虽然马云费尽口舌,可是那位老板仍旧对他持怀疑态度。马云没有放弃,几天后,马云带着一台笔记本电脑又来到该公司。当那个老板看到网页上显示出自己企业的主页时,同意付款。

刚刚创业,拿下一单生意是非常困难的。做熟杭州业务后,马云又将业务拓展至省外,将无锡小天鹅和北京国安足球俱乐部主页放在了网上。几个月后,终于做成了几单生意。

经过不断的努力,八个月后,公司账面接近平衡,营业额突破 100 万元。但是,在 1995 年 12 月,股东宋卫星打算撤资,当时公司还没赚到钱，马云二话没说，就给了他15万元。

撤去资金，说明人们对"中国黄页"不信任，不看好。但马云坚信自己一定能够成功。

马云团队推崇的是一种看不见的商品，很多人认为马云是骗子。可能是马云的思想太超前了，注定在互联网方面以开拓者的身份付出代价。在1995年7月，上海开通了"K"互联网专线，"骗子"二字终于远离了马云和他的事业。1998年后，互联网热潮掀起，马云才真正翻身。

马云认为，成功的定义很广泛，但是只要放弃，就意味着失败。马云背负"骗子"这个罪名好几年，就那样死扛，终于将"中国黄页"做成功了。

人生贵在坚持，当满载荣誉的健儿站在领奖台上时，他们的微笑和自豪只是因为在最后一秒坚持了下来。人生的坚持需要靠一种信念来支撑。只要相信自己的信念，在努力中坚持，目标也就不再遥远。

人生贵在坚持，坚持对别人微笑，坚持做自己喜欢做的事情，坚持相信世间的一切美好，坚持对自己的肯定……做事半途而废，前面的所有辛苦就等于白费。只有经得起风吹雨打及种种考验的人，才能成为最后的胜利者。因此，不到最后关头，绝不要轻言放弃。

世界最容易的事是坚持，最难的事也是坚持。能否坚持不懈，是界定一个人成功与失败的分水岭。

参加马拉松赛跑，最初参加竞赛的人成百上千，但是跑出一段路程后，参赛的人便会渐渐减少。因为坚持不下去的人，逐渐自我淘汰了；而且，越到后面人越少，全程都跑完能够冲刺的人更少。奖牌终究要落在这些坚持到最后的人中。马拉松式赛跑与其说是赛速度，不如说是耐力，就是看谁能坚持到最后。

第四章

投入你的热情

成功逆序，明确目的最重要

工作占据了我们生命中的大部分时间，影响着我们的一生，如果在自己的工作岗位上得不到尊严与快乐，你的人生也只能黯淡无光、毫无希望。可是，高估了工作目的，你也会让自己过得很累。

在工作与生活中，经常会听到这样的话：

"不过是在为老板打工，这么拼命干什么！"

"凭什么要我做这做那，一个月才给我这么一点钱。"

"差不多就行了，是公司的事，又不是我自己的。"

……

这些人虽然有着丰富的知识、卓越的能力，却总是不断地抱怨，结果自己总要面临如何找到下一份工作的难题。

在我们身边，这样的人到处都有，他们最大的误区就是始终抱着"我不过是在为老板打工"的工作观念。他们认为，工作是一种简单的雇佣关系，做多做少、做好做坏，都跟自己没有多大的利害关系。结果，只能错失掉一个个宝贵机会。可是，齐瓦勃却不这么想。

齐瓦勃出生在美国乡村，只接受过很短时间的学校教育。15岁时，为了补贴家用，齐瓦勃到一个山村做了马夫。可是，雄心勃勃的齐瓦勃并没有放弃寻找发展机遇。

18岁那年，齐瓦勃来到钢铁大王卡内基所经营的一个建筑公司打工。一踏进建筑工地，齐瓦勃就抱定了要做一名优秀员工的决心。当其他人都在抱怨工作苦、薪水低时，齐瓦勃却在勤奋地工作着，他一边积累经验，一边自学建筑知识。

每天晚上，同伴们在一起闲聊时，齐瓦勃就躲在角落里看书。一天晚上，公司经理到工地检查工作，看到了正在看书的齐瓦勃。他看了看齐瓦勃手中的书，又翻了翻他的笔记本，什么也没说就走了。

第二天，经理把齐瓦勃叫到办公室，问："你只是一个工人，读那么多书干什么？"齐瓦勃说："我觉得，公司不缺少打工者，缺少的是能把工作做到位的优秀员工或管理者，对吗？"经理点了点头。

不久，齐瓦勃就被升任为技师。有些人讽刺、挖苦齐瓦勃，他回答说："我不是在为老板打工，更不是单纯地为了赚钱，我在为自己的梦想打工，为自己的远大前程打工。只有把工作做到位，才能使自己工作所产生的价值远超薪水，才能得到重用，才能获得机遇！"就是抱着这样的信念，齐瓦勃一步步升到了总工程师的职位。25岁那年，齐瓦勃做了这家建筑公司的总经理。

当了总经理后，齐瓦勃每天都是最早来到建筑工地。琼斯是公司的天才工程师兼合伙人，在建筑布拉德钢铁厂时，发现了齐瓦勃超人的工作热情和管理才能。琼斯问齐瓦勃为什么总来这么早，他回答说："只有来的早点，才能不耽误急事。"

工厂建好后，琼斯让齐瓦勃做了自己的副手，主管全厂事务。两年后，琼斯在一次事故中不幸身亡，齐瓦勃便接任了厂长一职。

靠着齐瓦勃的天才管理能力和敬业精神，布拉德钢铁厂成了卡内基钢铁公司的灵魂，卡内基才能信誓旦旦地说："只要我想占领市场，市场就是我的，因为我能造出又便宜又好的钢材。"几年后，齐瓦勃被卡内基任命为钢铁公司的董事长。

这个发生在美国几十年前的故事,对现在的人们依然有着重要的启发意义。工作中,每个人都应该问问自己:我的工作目的是什么?我到底在为什么工作?我不是在为老板打工,而是在为自己工作。因为工作不仅能让我获得薪水,还会教给我很多经验、知识,提升我自己,从而让我变得更有价值。

一位著名的管理学家曾采访国内一些大型电子集团的工作人员:"你们在岗位上主要做什么?"

"上镙丝。"

"搞焊接。"

……

答案五花八门,应有尽有,甚至还有人说:"我在这里工作了20年,一直都在上镙丝。"

的确,他们的答案都没错。但遗憾的是,管理学家并没有听到自己想要听到的理想答案,没有一个人说:"我们是在做电子产品,是在加快人类与社会的联系,是在促进社会的繁荣与进步。"

为了金钱而工作,工作只能索然无味,只有为自己工作,才能从工作中收获快乐,才能保持轻松愉快的心情。你的付出,不仅会带给别人快乐,使别人从中获得利益,还能实现自己的人生价值。所以,只有对自己的工作目的有了正确的认识,才能以高度的敬业精神投身到工作中,把工作做到位,从而实现自己的梦想。

对人生失望是失败的开始

人生总是伴随着成功和失败，或与成功如期相约，或与失败不期而遇。人生不如意事十有八九，人可以被击倒，但不能被击垮。成功的秘诀说来很简单，一是不怕失败，二是不枉失败。如果一个人站起来的次数比跌倒的次数多一次，他便是一个强者。学习与失败打交道，是走向成功的一门必修课。

人生的高度都是由跌倒的经历累积起来的，跌倒不算失败，爬不起来才是真正的失败。失败不是成功的反面，而是成功的一部分。只要在一次次失败中汲取教训，有所收获，就能一步步向成功靠近。

成功不是从天上掉下来的，更不可能从地里冒出来，它是"撸起袖子"干出来的，也是在无数次失败中走出来的。成功很固执，它不相信言语，只相信行动。拿破仑有句名言："避免失败的最好办法，就是下决心获得成功。"成功，就要在困顿时怀揣希望。

电影《肖申克的救赎》中有两句著名的台词："希望只会给予那些心怀希望的人""梦想便是力量"。在失败面前失去希望，看不到出路，也就忘掉了来路。这样的人，整天只会唉声叹气，或埋怨时不逢，或归咎时运不佳。其实，失意、失落、失败时，更要冷静下来，反思过往，寻到出路。

生活辩证法告诉我们：危机中有转机，煎熬中也蕴藏着人生华丽转身的机会。失落时，留点空白给希望，希望也能成为你的指路灯塔。遇到过不去的坎，完全可以换一种人生姿势，学会说"没关系""不要紧""有机会，再重来"。留得青山在，不怕没柴烧；只要精神不滑坡，办法总比困难多。只有将困难踩在脚下，才能站得更高。

失败是变相的胜利，而失去希望则是彻底的失败；失败是成功预交的学费，而失去希望则只会让学费打水漂。失败不可怕，可怕的是失望以至绝望。一个人最大的破产是失望，最大的资产是希望，成功就在于"失败不失望"。

露皮塔是个墨西哥裔美籍人，她从小就智力很低，先是降级，被列入反应迟钝者之列；后来，因学业太差，不得不眼泪汪汪地退学了。露皮塔16岁出嫁，婚后生了两男一女。看到自己的两个孩子也被列为低能者，露皮塔感到很难受。她决定帮助孩子，从自己求学做起！

露皮塔请别人帮助自己，可是人家的回答却是："你的履历表明你反应迟钝、智力低下，我不能推荐你上学。"她泪流满面地走回家，哭着对自己说："别泄气！"接着，露皮塔又去找孩子的校长商量办法。校长建议她到两年制的得克萨斯南方学院去试试。

南方学院的登记员为露皮塔的强烈愿望所感动，答应让她先试一年，不过如果她考试不及格，还得离开。就这样，露皮塔上学了，同时兼顾家务，每天两头忙。

第一学期末，露皮塔惊奇地意识到：自己的能力不比别人差，自己应该有个大学学位。这大大增强了她的自信心，使她相信自己一定可以取得成功。于是，她去离家13公里的大学学习，每天清晨4时起床，跑步赶到学校。

3年后，露皮塔取得了初级学员资格；1971年，被授予文学硕士学位，同时当上了豪斯登大学发起的墨西哥美国文化研究会的理事。1977年，她取得了博士学位，获得了颇具威望的美国教育委员会的会员资格。

露皮塔是有史以来第一个获得该委员会奖的拉丁美洲妇女。1981年，她又被提升为拥有3.1万名学生的豪斯登大学的教务长助理。

在母亲的影响下，孩子们也取得了令人瞩目的成就：长子马里欧当了内科医生，次子维克多成为了一位律师，女儿玛莎则攻读法律专业。

没有失败的人生，只有失望的人生，所谓的成功者，不过是面对失败不失望，坚定自己的信念，勇敢地面对失败，走出了成功的人生。古往今来，成功者虽然从事不同的职业、具有不同的经历，但有一点却是共同的：他们都对自己充满自信、自爱、自强、自主、自立。

不失望是人生中一柄最锋利的利器，是获得成功的重要基石。现实中，面对人生中一点失败、挫折，就开始失望，认为"不可能"或"没有办法"，仅仅是庸人和懒人的托词；只有坚信"没有什么不可能"，才是一流人才对自己的基本要求。

不要给自己设限，就是没有什么不可能。不管面对任何事情，都要积极动脑，想尽一切办法，付出艰辛的努力去完成，而不是寻找托词，哪怕是看似可以原谅的理由。

"在生命的重要时刻，对发生在自己身上的事情无能为力，只能听天由命——这是世界上最大的谎言。"我们应该能主宰自己，拥有改变世界的能力和信心，如此，人生才能光彩灿烂。

专注是一种穿透障碍的能量

世上看起来可做的事情很多，但真正能够抓住的却很少。一生专注一项事业，每天专注于自己的本职工作，也是一种成功的好方法，更是一条实现成功的捷径。

小时候，我们都学过"猴子丢了西瓜捡了芝麻"的故事，那时候我们都笑猴子太傻。但笑归笑，对这个故事的含义却很少有人能理解，接受过更高的教育或工作多年后，我们才知道，猴子傻并非智力问题，而是心态问题——不断地探索、选择、尝试，不断地放弃和转移，注定了收获必然最小。

在社会中也有很多这样的人，他们总是匆匆选择一个行业或一家公司，总是做着一件事情同时想着其他事情，把大部分时间用在遐想、探索、选择和尝试中，无法集中精力和资源做好眼前的事情。结果，多年之后，自己依然一事无成。而当初和他们在同一起点的人，已经在某个领域成为了有用之才甚至专家。

世界上并没有绝对的聪明人和笨人，但为什么成就却有如此大的差别呢？笔者认为，和一个人是否具有专注精神有很大的关系。

"年轻人事业失败的一个根本原因，就是因为精力太分散。"这是戴尔·卡耐基在分析了众多人事业失败的案例后得出了如此结论。事实的确如此，许多失败者几乎都在多个行业中艰苦地奋斗过。可是，如果他们的努力能集中在一个方向上，把该做的工作做到位，就足以获得巨大的成功。

有个刚从学校毕业的年轻人，个人素质很高，工作能力很强，也有着同龄人所特有的积极进取心。许多同学和同事都认为，他是一个前途无量的人。但是，在后来的10年中，年轻人制定了许多人生目标，却没有一次是从自己的实际工作出发的。一天到晚，不是忙着考托福，就是考注册会计师，今天想出国，明天想开公司，结果一无所成。

在专业化程度越来越高的现代社会，工作对个人的知识和经验不断提出了更高、更广、更深的要求。做事总是摇摆不定、变来变去，只会将自己长时间积累的经验和资源都舍弃掉，无法强化自己的专业知识，无法形成自己的核心竞争力，最终也就无法超越他人。这样的人，在事业上是很难站稳脚跟的。

当年，年轻的帕瓦罗蒂从师范学院毕业后问父亲："我是当歌唱家呢，还是当老师？"父亲回答说："如果想同时坐两把椅子，只会从椅子中间掉下去。我们只能选择一把椅子坐。"结果，靠着自己的努力，帕瓦罗蒂成了世界著名的男高音歌唱家。

工作中，不能专注于一个目标，把工作做到位，到头来只会一事无成，而有所成就的几乎都是专注的人。

世界著名的物理学家丁肇中先生，40岁时获得了诺贝尔物理学奖，他的成功秘诀就是："与物理无关的事情我从来不参与。"

迈克尔·乔丹从15岁就开始从事篮球事业，期间有很多机会从事其他行业，但他只投身篮球运动。因为专注，使他成了NBA历史上最伟大的球星。

在2006年的博鳌亚洲论坛年会上，记者采访全球最大的中文搜索引擎"百度"的创始人和当家人——李彦宏。记者问他成功的秘诀是什么，他的回答只有两个字：专注。

比尔·盖茨是世界首富，以他的财力和智慧，可以做的事情有很多。可是，他和自己创办的微软公司20多年来始终专注于软件技术和软件产品研发、推广事业，致使比尔·盖茨至今仍是世界首富，微软仍是世界上最成功的企业。世界财富排名仅次于比尔·盖茨的巴菲特，11岁开始买第一只股票，如今还没有改行的迹象。

古人云："十鸟在林，不如一鸟在手。"既然选定了一项事业、一份职业，就要专注地投入进去，思之、想之、谈之、研究之、坚持之，把它弄懂、弄通、弄透、弄专、弄精，尽最大努力，调动起自己的全部资源和力量做到最好。只有具备这种心无旁骛的坚定信仰和十年磨一剑的专注精神，才有可能在有生之年成就一番事业，实现自己的理想和价值。

唯有热情可以融化冷漠

超模裴蓓曾经说过一段话，令我很受触动：

"对一件事有兴趣一点儿也不稀罕，几乎每个人都有几件感兴趣的事儿。但兴趣能说明什么？如果找不到内在的热情和长久的持续力来支撑，很多兴趣就会在短期尝试后被放下。只有兴趣和自己的核心价值观，以及稳定的内在驱动力保持高度的契合，才能一直走下去，才能走得越来越远。别把兴趣当成借口，它不能代替实实在在的努力和钻研。"

在这段话中，共有几个关键词：兴趣、热情、核心价值观和稳定的内在驱动力。在这里，兴趣是起点，热情是催化剂，核心价值观是行为准则。几个因素完美地融合在一起,才能形成稳定的内在驱动力,才是成功的原动力。

找到了兴趣后,更重要的是找到热情。中国古代大思想家孔子曾说:"知之者不如好之者,好之者不如乐之者。"热爱某种东西,就会穷极一切将它做到最好。

热情是一种能量,它来源于一个人的内部动机,找到了自己热爱的事情,自己的状态就会发生一些变化,首先是精力充沛,其次是容易沉浸在做的事情里面。即使身体特别累,但心里还会感到异常愉悦。而且,在你喜欢的事情上,你可能比你想的更有天分。

提到马化腾的成功,有人认为他是遇到了好机会;有人说是他对产品的专注成就了今天的辉煌。从一位软件工程师,到中国即时通信业务的开拓者,马化腾是如何用"企鹅"征服地球上最多网民的国度的?热情!

腾讯成立于1998年,主要业务是开发和销售"BP机寻呼系统",后来转到互联网寻呼系统。一次偶然的机会,马化腾接触了即时聊天工具ICQ,窥见了里面潜藏的巨大发展前景。不顾其他股东的阻挠,马化腾执意开发了QICQ。

随着QICQ用户的不断增加,公司经费逐渐减少,1999年10月即公司运营一年后,账上只有1万多元。马化腾想了很多办法,还主动向国外的风投公司进行融资,经过努力,最终拿到了200万美元。

马化腾当时如果没有坚持保住QQ这个"复制品",可能依然是个蹲在深圳一角的"蚁族",成功总是不会来的太容易,不投入热情,怎能轻易让你得到梦想的馈赠?

在融资过程中,马化腾做了两次腰椎手术。第二次手术后,他是平躺在床上,高举着手提电脑办公,病痛丝毫没有动摇他的意志。从网民必备的QQ，到五星级产品QQ邮箱，再到微信，腾讯的产品大多都能令用户黏合度极高。

之所以能做到这一点，和马化腾本人对网络的热情有关。他对腾讯的产品、竞争对手的产品，都非常熟悉。在腾讯内部，产品经理都把他当作不可多得的产品测评师，都喜欢听他的建议。

这种十年如一日的激情，对中国创业文化产生了影响。马化腾认为自己的成功离不开一个公式——"务实＋专注＋创业热忱"。成功路不会一直畅顺，坚持耕耘，保持事业热情，一定能助你攀登成功顶峰。

不可否认，马化腾的成功秘诀之一就是——热情！

在团队里，存在着"2∶6∶2"原则，先天富有热情的人与先天性格冷清的人各占20%，而60%的人居中间，他们可能被感染成前者，也可能被感染成后者，而凝聚力与竞争力会在这一前一后之间拉开天壤之别。

人类的行为中，最容易后天训练的职能就是专业知识与技术，最难训练的就是热情。

一次，一名日本记者问美国希尔顿酒店集团的创始人希尔顿："您属下酒店员工微笑服务做得很好，是怎么培训出来的？"希尔顿先生回答说："微笑的员工不是培训出来的，而是挑选来的。"

确实，一个人的性格是很难改变的，性格内向、不愿意与人交往的员工很难做好酒店服务工作。因此，对酒店而言，多挑选一些热情的员工，用他们的热情去感染其他员工的热情是非常重要的。

热情是企业成功的基础，也是一个人成功的基础。很多人成功了，他们并不聪明，但非常热情；很多人消沉了，他们非常聪明，但缺乏热情。这就是热情的魅力，让世人倾服。

美国19世纪伟大的思想家、散文家、诗人爱默生曾言："无热忱便无伟大。"有史以来，没有任何一件伟大的事业不是因为富有热情而成功的。

稻盛和夫提出过一个成功方程式：事业的成功＝思考方式 × 热情 × 能力。这也就是著名的"稻盛成功方程式"。稻盛认为：能力，大多数都来源于天生，很难改变；热情，是倾注到工作中的激情和努力；思考方式，是人生态度与思维。如果说"能力"和"热情"可从 0 分到 100 分计算，"思考方式"则可以从 −100 分到 ＋100 分计算。

在能力、热情、思考方式三个要素中，稻盛最看重的是思考方式和热情。他认为：内心不渴望的东西，自己也不会主动靠近它，一个人能够实现的只有他内心渴望的东西；观念错了，非但劳而无功，反而会起反作用。转化消极的思考方式与激发工作热情，是取得成绩的重中之重。

深入，才能看见别人看不见的机会

问题的解决离不开专注，机会的获得离不开深入！

哈兰·山德士上校，是肯德基品牌的创始人，他发明了著名的"肯德基炸鸡"，开创了"肯德基快餐连锁"业务。

1890 年 9 月 9 日，哈兰·山德士出生于美国印第安纳州亨利维尔附近的一个农庄。家境不是很富裕，但也还过得去。然而在他 6 岁那年，父亲去世了，留下母亲和 3 个孩子艰难度日。为了生活，母亲不得不在外面接很多个活计来做，白天得去食品厂削土豆，晚上继续给人家缝衣服，没时间照料家里幼小的孩子。山德士是老大，便担起了照顾弟弟妹妹的重任。

白天母亲不在家，山德士就自己做饭，一年过去，他竟然学会了做20个菜，成了远近闻名的烹饪能手。

12岁那年，母亲改嫁，但山德士和继父的关系并不好，他读到6年级，就辍学了。家里的空气异常憋闷，山德士决定出去找工作，重新换个环境。他在一家农场找了份工作，虽然辛苦，但也能维持个人温饱。之后，他还做过粉刷工、消防员，卖过保险，甚至还当过兵，得到过一个函授法学学位，当了一段时间治安官。

40岁山德士来到肯塔基州，开了一家可宾加油站。加油的客人很多，看到客人饥肠辘辘的样子，山德士决定做点方便食品，满足这些人的要求。于是，在加油站的小厨房里做了点日常饭菜，招揽顾客。期间，山德士推出了特色食品，就是后来闻名世界的肯德基炸鸡的雏形。味道鲜美、口味独特，受到热烈欢迎。之后，炸鸡的名声居然超出了加油站，顾客越来越多，加油站容不下，他就在马路对面开了一家餐厅，专门经营炸鸡。之后的几年，山德士一边经营，一边研究炸鸡的特殊配料，致使山德士炸鸡闻名遐迩。

山德士并不满足这样的成就，他别出心裁，在饭馆旁加盖了一座汽车旅馆。可是"二战"的爆发，政府实行石油配给，加油站被迫关门；新建高速路穿过山德士饭店，饭店被迫关门，这些改变把山德士推向了深渊。为了偿还债务，他花光了所有的银行存款，从人人尊敬的富翁变成了一文不值的穷人。这时山德士56岁了，只能依靠每月105美元的救济金生活。

为了摆脱困境，山德士冥思苦想，最后果断决定——把炸鸡做法卖给饭店，他们每卖1只鸡，付给山德士5美分。就这样，山德士开始了自己的第二次创业。可是，开始的时候，没人相信他，整整两年，他被拒绝了1009次，终于在第1010次走进一家饭店时，得到了答复。

有了第一家合作者，接下来，业务像滚雪球般越滚越大。仅用了短短

5年时间，在美国、加拿大就发展了400家连锁店。1955年山德士的肯德基有限公司正式成立。

山德士的一生极富传奇色彩，他从事过很多工作，40岁的时候在餐饮业上找到了自己事业的起点，之后不断深入，在失败和成功的交替中，东山再起，创造了辉煌的成绩。

对于一些小事情，我们有时看得非常清楚，但对于许多大事却总也看不清，而做事能力有时就体现在独特的眼光中。有眼光的人观察事物，往往有远见卓识，做起事来也更容易成功。第一个做的是天才，第二个做的是庸才，第三个做的是蠢才……只有不断深入，才能看到别人看不到的机会，才是真正具有心计。

人生有小成功，也有大成功，只想一辈子生活得比较好，只要努力一下就行；如果想做成大事，最重要的是不断深入。能在别人看来平常或不习惯的东西上看到价值所在，就是眼光。

精明的人看问题，不会只看眼前，还能看得更远；不精明的人做事情，总喜欢跟着潮流跑。

在别人没有看到时你看到了，就叫"有眼光"。

别人只看到眼前利益你却看到了长远目标，就叫"有眼光"。

当别人纠缠于问题的细枝末节累得疲惫不堪时，你能一下子抓住问题的主要矛盾，就叫"有眼光"。

穷人总是羡慕富人累积财富的结果，却忽略了富人通往财富之路的智慧。殊不知，机会就在自己面前，只是自己看不到罢了。

你能看到别人看见的良机吗？你知道机会就在你的面前吗？找到其他人都忽视的机会，是你迅速成为富人的绝佳手段。那么，如何做到这一点呢？不入虎穴，焉得虎子！只有不断深入，才能看到别人看不到的机会。

在谈到如何取得成功时，斯蒂芬·施瓦茨曼说："成功者往往会看到别人看不见的东西。他们会认真地思考，为什么会看见这些东西，然后会全力以赴，不成功绝不放弃。如果还没有成功，说明你需要调整战略，但绝不要放弃。"

笔者相信，在某一领域非常厉害的人，一定是能够"看到别人看不见的东西"的人。对于某一事物，你能够看到的，如果跟大众没什么不同，至少说明在这个事物所涉及的领域，你还是平庸之人。只有看到别人看不见的东西，才能避开拥挤的竞争小道，独辟蹊径，到达彼岸。

能够看到别人看不见的东西，并把你看到的东西告诉别人，你不会获得鲜花与掌声，甚至还得不到他人的理解，他们只会嘲笑你、挖苦你。这时，你一定会显得很孤独。但一定要记住：这是你走向成功必须要承受的！成功了，定然会收到鲜花与掌声，但这并非是因为大众看到了他们以前看不见的东西，而是看到了你的成果：财富、声望和由此而来的其他身外之物。

伟大必然与孤独相伴，所以伟人是孤独的，因为他们站在了人类眼界的珠穆朗玛峰上，看到了芸芸众生看不到的东西。大多数人终其一生，也无法炼就伟人那样的眼界，因为这不仅需要学习、实践，还需要天赋。因此，从事一项事业时，首先要认真评估一下：我能否从中看到别人看不到的东西？

把工作当成愉快的带薪学习

"工作是快乐的带薪学习"是一种心态、一种理念，是适应当下社会大环境和企业内部小环境的一种思维方式。其实，认真思考这句话，就能真正从中体会到工作与学习的关系、工作与自我职业发展的关系、工作与经验积累之间的关系。

工作的过程，不仅是学习的过程，还是自我知识积累的过程。进入岗位第一天，就开始了学习的新征程。从书本理论到实际操作，从闻所未闻到得心应手，在工作过程中，我们循序渐进、不断成长，不仅获得专业知识的不断积累，还能得到技能的不断提升。

要想获得成功的机会，就要争取做到把工作当成一种"带薪的愉快学习的过程"。因为只有善于学习，才能化压力为动力；只有善于学习，才能不断追求进步，才能担当起更大的责任。

如果工作是一种学习，那么你学到了什么？很简单，在这家公司积累的经验，成为跳槽去另一家公司工作的资本或者筹码，比如，制作简历时，很多人都会将自己的工作经历、学到的东西罗列出来。而且，你在之前工作中表现得越优秀，学到的越多，你的价值就越高，这些远比大学毕业证更管用、更受欢迎。

举个例子：你刚从学校毕业时，工资水平一般都不能令你满意，但是如果你在公司努力工作三四年，身价和刚毕业时绝对不同，薪水也会远比初进职场时高出很多。这就是你在公司学习的结果，在这里学到了比在学校更有实用价值的东西。

能把工作看作是一种带薪学习，就会带着极大的热情投入到工作中，把工作当成一种享受，而不是一种负担。从这个意义上来说，工作的过程就是学习的过程和自我知识积累的过程，只有自己的专业知识技能获得提升并真正转化为了经验，自己的个人价值才能被认可。

当然，也许你会说："我的工作就是整天重复同样的内容，有什么值得学习的？"的确，从表面上看，工作中的学习似乎比学校中的学习面要窄，似乎总是在重复同样的事情，成年累月看一本书，也没什么学习的劲头了。有了这样的感觉，就不要把自己的关注点仅放在工作所涉及的内容上，工作内容仅仅是一个完善知识体系的1%或更少，可以适当地关注一下领域发展趋势和前沿论点，多参加一些培训和实践活动，多角度地发展自己。

小马在一家杂志社当记者，主要负责农业板块，由于主题的限制，他一年到头的工作就是唱"四季歌"：春天来了，写播种；夏天来了，写支农；秋天来了，写收获；冬天到了，写领导访工农。一年又一年，他真有些厌倦了，想另谋出路。

朋友劝告他，闲暇时尽量少参加一些饭局，多看看书，多写些文章，看到趣闻写点时评，有感而发写点散文，投给不同的杂志社，多头并进，多方"充电"，哪有时间去"倦怠"？小马深受启发，身体力行，果然干劲倍增。

工作的过程，就是一个不断学习的过程，工作就是愉快地带薪学习。

1. 在工作中，可以向老板学习

老板之所以成为老板，必然有过人之处。之所以要向老板学习，不是因为他是老板，而是因为他很优秀。他之所以能成为老板，一定有许多你不具备的特质。比如，几乎在每一家企业里，老板都是最有责任心的人，他身系整个企业的命运，身上所表现出来的优点，值得你认真思考与学习。

能随时随地向老板学习，你做事就会更尽心尽力，就会像老板一样思考、像老板一样行动。潜心地向老板学习，就会主动地考虑企业成长，考虑企业的未来，就会觉得企业的事情就是自己的事情，就会知道什么是自己应该做的、什么是自己不应该做的。

反之，为了工作而学习，就会得过且过，不负责任，认为：自己永远是打工者，企业的命运与自己无关。如此，就无法得到老板的认同，就不会得到重用，也就只能做个低级打工仔。

2. 在工作中向同事学习

每个人身上都存在着不同的优点，一旦被你学习吸收，就会为你提供帮助。同事或者在工作技能上强于你，或者在职业技能上高于你，向他们学习，学习他们的技术技能，学习他们的工作经验，就会给你带来很大的便利。每个人身上都有值得你学习的东西，要虚心地向他们学习。

3. 在工作中向客户学习

向客户学习，客户的知识经验就会成为你知识体系的一部分，让你的专业获得发展。发现了客户的不同需求，或使用产品或服务的不同方式，都可能为你发展新产品或行销策略提供灵感。只要细心，就可以从客户身上学到各方面的知识，打开思路，获得可以享用终身的教益。把客户当成财富，不仅要把他当成你生意和工作上的财富，还要把他当成能帮助你实现自我提升的财富，从他们那里学到更多有用的东西。

改变心情，就能改变工作的结果

一个人的行为总会受到心情的牵引，即使是同一件事，用不同的心情去对待，也会产生完全不同的结果。很多人都有这样的体验：走进办公室时如果心情轻松愉悦，就会很快进入工作角色，不仅工作效率高，而且质量好；心情低落，则工作效率低，质量差。由此可见，只要改变心情，完全可以改变工作的结果。

小乔在一家公司做文秘，大多数工作都是给客户回复电子邮件。客户提出的问题基本上都大同小异，回复的内容自然也就差不多。因此，为了方便工作，公司制定了一个专用模板，只要按照固定的格式填写即可。

一段时间后，小乔就对自己的工作厌烦了，觉得这份工作是小学生都会做的事情，没有一点技术含量。所以，她整天无精打采，能应付就应付。

一次偶然的机会，小乔发现，另一位和她从事同样工作的同事，每天都做得很开心，她就问："你难道不觉得自己的工作很枯燥吗？"

同事说："以前，我也觉得这是一件很枯燥的工作。后来，我不用模板里统一的内容，针对不同客户回复不同的内容，将每封回信都当作一次练笔的机会，很多客户都回信夸奖我的文笔好呢。"

不久之后，这位同事被提升为主管，理由是：她为公司争取了好几个大客户。

同样的工作，换一种心情，就能从令人厌烦的负担变成充满乐趣的享受。心情改变，事情就会改变，就是这么神奇。同样生活在高压时代，每个人都面临着相同的环境：有的人牢骚满腹，无心做事；有的人却心情愉悦，游刃有余。原因何在？就是因为后者保持了较好的心情。

一天，小楠错过了公司的班车，为了避免迟到，就招手叫了一辆出租车。遇到了上班高峰期，没走出多远，车子就卡在了车阵中——堵车了。

司机不耐烦地叹气，小楠觉得这种气氛让人不舒服，就随口和他聊了起来："最近生意好吗？"

后视镜里的脸立刻拉了下来，愤愤地："有什么好？每天工作十几个小时，也赚不到钱，真是遭罪！"

小楠意识到自己开了一个不好的头，立刻改变了话题，说："你的车很大很宽敞，即使是塞车，也让人觉得很舒服……"

司机打断了小楠的话，激动地说："舒服个鬼！不信你每天坐12个小时看看，看你还会不会觉得舒服？！"

接着，他又开始抱怨路上的车太多、路况太差等。小楠吓得伸了伸舌头，再也不敢做声了。出租车到了目的地，她逃也似地下了车，还下意识地看了看对方的车牌号，希望下次不要再遇到这位司机。

几天之后，小楠与朋友约好去郊区玩，上了一辆出租车。司机是位30多岁的女士，从她们一上车，女司机就笑容可掬。结果，路上同样遇到了塞车。

女司机打开收音机，播放着舒缓的音乐，嘴里还轻轻地哼唱。小楠问："看来你今天心情很好嘛！"她笑着露出洁白的牙齿："我每天都是这样啊，每天心情都很好。"

"为什么呢？"

小楠想起了那张满脸怨气的男司机的脸："听说出租车司机的工作很辛苦，收入也不高。"

女司机笑着说："没错，我家有两个孩子，父母的身体也不太好。我和我先生轮流开车，他开晚上，我开白天。虽然很辛苦，不过日子还是过得很开心……"

小楠充满了好奇心，问："你们是如何做到这一点的？"

女司机停顿了一下："说出来你别笑我，好吗？……我总会换个角度想事情。例如，我觉得出来开车，其实是客人付钱请我出来玩。比如今天，我碰到了你，你花钱请我跟你到郊区玩，这不是很好吗？平时，我很少有时间去郊区玩，到了那里，我可以顺道看看景色，呼吸呼吸新鲜空气，然后离开。"

小楠觉得和这样的司机同车出游，确实是一件幸运的事情。于是，跟这位女司机要了电话，以后如果有机会还坐她的车。

出租车司机的心情不好，顾客心里也会感到不舒服，生意自然也不会好。保有一份好心情，受你感染，顾客的心情也会好起来，就会觉得满意，下次当然更愿意照顾你的生意，生意自然会越来越好。

其他工作也是一样！你习惯于抱怨自己的工作多么枯燥，老板多么苛刻，唉声叹气、愁眉苦脸地做事，永远也得不到老板的赏识。不如把工作想象成一件愉快的事，不仅能借助这个舞台学到更多的知识和技能，还能领到一份薪水，这难道不就是一种带薪学习的美差吗？如此一想，你的心情就会好很多，工作也会更有干劲；做出了成绩，老板自然会青睐你。

要想改变事情的结果，首先就要改变自己的心情。心情变了，别人对你的态度就会跟着变，做事的效率就会变，事情的结果当然也会与过去不同了。

为个人价值而不是价格工作

一位年轻的记者采访日本著名的企业家松下幸之助,由于提前做了充分的准备,所以采访进行得很顺利。采访结束时,松下先生问他:"年轻人,你一个月的薪水是多少?"

记者不好意思地说:"不多,一个月才一万日元。"

松下先生微笑着说:"虽然薪水只有一万日元,但你获得的并不只这些。"

记者疑惑地问:"我没有额外的收入啊?怎么会不只这些呢?"

松下先生说:"你想,今天你能争取到采访我的机会,明天肯定能争取到采访其他名人的机会,这说明你在采访方面有潜力。如果你重视每次机会,努力地完成工作,就会积累更多的经验和才能。如同在银行里存钱,是有利息的,你的才能和经验也会在社会的银行里生利息,将来会连本带利地还给你。"

的确,你每天的工作就像往银行里存钱,而且利息也不是固定的,它的高低取决于你自己。越努力,得到的利息就越高;利息越高,工作的热情也就越高;热情越高,收获也就越大……如此,就会形成一个良性循环。

总是抱怨"工作累的要死,而薪水却少得可怜",工作起来就会无精打采。殊不知,自己越不愿意干,得到的收获就越少;收获越少,工作就越没热情……最终只能形成恶性循环。而且，不能长久地保持热情，自己的价格不仅不会升，反而会降。看重价值，注重自己经验的积累，不仅会得到价格的提升，还会收获更多。

很多人每天按部就班地上班、下班，到了固定的日子领回自己的薪水，高兴一番或抱怨一番后，再重复老样子，上班、下班……他们很少思考关于工作的问题：为什么要工作？应该怎样工作？

为了寻找答案，我们先来读一下下面的这个故事：

1961年，韦尔奇已经作为一名出色的工程师在GE工作一年了，年薪是10500美元。当他发现自己的薪水跟许多工作能力不如他的人一样时，感到非常沮丧。

韦尔奇一蹶不振，一天比一天萎靡，整天都没有心思工作。一天他突然意识到：自己今后的路还很长，整天抱怨薪水低，无心工作，只会浪费GE这个大舞台！他决定让自己有个根本性改变。这时，一个机会出现了：一个经理因成绩突出被提升到总部担任战略策划负责人，经理的职位出现了空缺。

这个富有挑战性的工作太有诱惑力了，韦尔奇决定试一试。他找到领导，说出了自己的想法。"你是在开玩笑吗？"领导问，"杰克，你根本不熟悉市场，而这一点对于这种新产品却是异常重要的。"

为了说服领导，韦尔奇在领导的车上坐了一个多小时，先后谈到了自己的资历、看市场的眼光、对人和工作的态度。最后，领导明白了，韦尔奇确实想用这份工作来证明自己能为公司做些什么，他说："在我认识的下属中，你是第一个向我要职位的人，我会记住你的。"

在接下来的几天时间里，韦尔奇不断给领导打电话，列出了他适合这个职位的其他原因。一个星期后，领导打来电话，告诉韦尔奇，他被提升为部门经理。

1981年，韦尔奇凭借自己对公司的卓越贡献，稳稳地站到了董事长兼最高执行官的位置上，站到了GE这个大舞台的中央。

不可否认，很多人都和韦尔奇一样，最初参加工作的原因只有一个，即薪水。但韦尔奇的经历也证明，那种想法是错误的。因为薪水仅仅是对个人回报的一部分，而且是很少的一部分。除了薪水，工作给予的报酬还有很多，比如：自我价值的实现、积极而有意义的挑战、珍贵难得的经验、才能的充分表现等。这些东西与薪水相比，其价值要高出千万倍。

不要只为薪水而工作，否则你会失去很多。将工作看作是积极地学习经验，每项工作中都会包含个人成长的机遇。工作，不仅可以为你带来一定的金钱，更能为你带来成就感。在工作时，淡化掉薪水对自己的影响，才更容易取得卓越的成绩。

把工作看作是实现自我价值、追求卓越体验的平台，就能充分激发出自己的潜能和工作热情。不要刻意考虑薪酬的多少，要珍视工作本身给你创造的价值。要知道，只有自己才能赋予自己终身受益无穷的黄金，而老板给你的永远都是可数的金钱。

对于杰出人才具备的创造能力、决策能力和敏锐的洞察能力，很多人都羡慕。其实，他们并不是一开始就拥有这些能力的，而是在长期的工作中积累和学习到的。在工作中，他们学会了了解自我、发现自我、自我提升，而这也是工作赋予他们最珍贵的财富。当个人能力得到全面的、极大的提高时，他的价值是无法用金钱衡量的。

只为薪水工作，没有高尚的目标，并不是一种好的人生选择。应该感谢自己的工作机会，将每天的工作都做好，认真品味工作中成长的快乐。

逆袭者都在为事业而不是为工作奔波

美国总统罗斯福曾经说过:"成功的平凡人并非天才,他资质平平,却能把平常的资质发展成超乎寻常的事业。"把工作当成一件差事,只把目光停留在工作本身,继续从事你喜欢的工作,也就无法持久地保持对工作的热情;将公司当成自己的,并把它当成使命,就能发觉自己的特有能力,即使从事再烦闷、再枯燥的工作,也能从中感受到价值,在完成使命的同时,你的工作也会变成一项事业。

在影视界,提到史泰龙,相信很多人都知道。但很少有人知道,史泰龙逆袭成功的秘诀是什么?那就是为了事业而不是为了工作来奔波。史泰龙出身于一个贫苦的家庭,通过不懈的努力,成为一代动作巨星,是值得我们学习的最励志的"美国梦",激励着生活在磨难中的人们勇敢前行。

史泰龙出生于1946年7月的曼哈顿一所慈善医院,不幸的是,药用镊子伤到了他的面部神经,导致左脸颊部分肌肉瘫痪,左眼睑与左边嘴唇下垂,影响了他的语言能力。幼年时期,他和保姆生活在一起,只有周末才能见父母。因为长相较丑,大家都不喜欢他,也不愿意和他玩。他希望得到他人的友谊和关爱,更渴望得到别人的赞赏和尊重,但得到的都是别人的白眼。

11岁那年,父母离婚,他开始了和父亲生活的日子。父亲对他很严格，几乎到了苛刻的地步，稍有不慎，就会招来一顿斥责和辱骂。父亲总会大声向他吼叫："你怎么就不能变聪明一点儿？为什么不能强壮一些？"他觉得自己简直一无是处。四年后，史泰龙来到母亲那里，跟母亲和继父生活在一起。结果，学习成绩一塌糊涂，受到他人排挤。他一共换了12所学校，但都待不了多久就被学校找个理由开除了。

史泰龙渐渐长大成人，在体育方面表现出了过人的天赋。他想成为足球运动员或足球明星，可是所有的体育院校都不愿意录取他；他想参加海军，又不够年龄。无奈之下，他只好到了瑞士，一边给女学生上体育课，一边学习戏剧课程。在排演阿瑟·米勒的名剧《推销员之死》时，史泰龙发现了自己的理想和追求——做一名演员。

史泰龙满怀信心地回到美国，进入迈阿密大学，开始正式学习表演艺术。可是导师不喜欢他，认为他不是演戏的料，不会有前途，劝他尽快退学。之后，以三学分之差，被迈阿密大学拒之门外。随后，他来到了纽约。痴迷于星相占卜的母亲断言，他会成为一个明星，但不是演员，而是作家。

史泰龙听从母亲的建议，暂时放弃了做演员的梦想，开始潜心研习剧本的写作。1974年，他突发灵感，创作了剧本《洛奇》。当时很多制片人都看好这个剧本，但因为他要求出演男主角而被拒绝。史泰龙不甘心，带着剧本拜访了美国500多家电影公司，终于在被拒绝了1850次后，被一家电影公司接受。结果，这部投资很少的电影，居然获得好莱坞电影史上的一匹黑马——1976年票房突破了2.25亿美元，史泰龙获得奥斯卡最佳影片与最佳导演奖，并获得最佳男主角与最佳编剧的提名。

回眸往事，史泰龙感慨万千。如果不是对电影事业的热爱和追求，也许根本不会有今天的成就。是对电影事业的热爱激发了他的斗志、磨砺了他的意志，从而改变了他的人生。

要想成就未来，就要拼搏，就要努力，单纯地为了工作而工作，没有明确的目标，人性中的很多弱点就会显现出来，比如贪图享受、容易满足、回避困难、自轻自贱、盲目乐观、懒散傲慢等。把工作当成事业去追求，这些弱点就能被克服，变成无穷的热情和动力。

不要把工作的目的仅仅归为获得薪水，换个角度，完全可以把现在的工作当作对未来的投资。从工作中积累的经验和人脉，就是在为将来自己创业做准备。可以说，你现在的每一份努力，都会在日后的事业中派上用场，赚得更多的财富。

美国钢铁大王卡内基说过：“为我工作的人要具备成为合伙人的能力，如果他不具备这个条件，不能把工作当成自己的事业，我是不会考虑给他机会的。”把工作当成自己的事业，能够让你拥有更大的挥洒空间，在掌握实践机会的同时，也能为自己的工作负起责任，树立起为自己打工的职业理念，在工作中培养自己的企业家精神，让自己更快地在事业上取得成功。

第五章

行动是创造奇迹的关键

执行力的强弱决定事情的成败

执行力决定了一个人的成败！一个人的命运不会因为计划了多少而改变，只会因为做到了多少而改变；行动的真正意义是个人成功路上每天都提高执行力。不管你的目标多么伟大，不管你陷入了怎样的困境，都需要行动起来。轮子陷入泥泞之地，就要先让轮子动起来；同样，要想从困境中解脱，就要先让自己动起来。

在《把信送给加西亚》中有这样一个故事：

一次，美国总统麦金利给加西亚写了一封信，之后交给中尉罗文。罗文接过信后，没问"他在什么地方"，却在规定的时间里将信送给了加西亚。这个故事力透纸背地说明了四个字：使命必达。

所有的动力都是盲目的，除非具备丰富的知识；所有的知识都是徒然的，除非有工作；所有的工作都是空虚的，除非有了使命。

一直以来，美国硅谷都被人们称之为"巨头制造机"。纵观硅谷几大著名创业公司会发现，牛逼的企业各有所长，唯独在"执行力"三个字上都达到了惊人的高度。

特斯拉的CEO埃隆·马斯克同时驱动着四家公司，包括不同领域的两家现象级公司：太空探索技术公司和特斯拉。在人们心中，埃隆·马斯克简直就是神一般的存在，他工作时是什么样子？与埃隆共事，每个人都要主动推动工作，让问题停顿在手里，是埃隆不能容忍的。

员工敲埃隆办公室的门时，一般都已经提前做好了充分准备，如果没有做好准备，埃隆的反应会让员工深刻意识到这一点。针对员工的汇报，如果他提了一个相关的问题，而对方又答不上来，员工就难堪了。

把想象力和创造力落实到具体的工作中，远比绘声绘色的描述更加重要。在工作中，即使是再漂亮的语言都是苍白无力的，只有立刻行动才最具有说服力。成功者都是行动上的巨人，而非"思想上的巨人，行动上的矮子"。所以，不管在任何时候，只要想成功，就要立刻执行。

有个落魄不得志的中年人，整天都做着白日梦——沉浸在"运气好、中彩票、发大财"的幻想中。于是，他每隔两三天就到教堂祈祷，而且祷告词几乎每次都一样。

第一次到教堂时，中年人跪在圣坛前，虔诚地低语："上帝，请念在我多年来敬畏您的份上，让我中一次彩票吧！阿门！"

几天后，他又垂头丧气地来到教堂，同样跪着祈祷："上帝啊，为何不让我中彩票？我愿意更谦卑地服从您，求您让我中一次彩票吧！阿门！"

又过了几天，他再次出现在教堂，重复他的祈祷。如此周而复始、不间断地祈求着。

直到有一天，他又跪在了那里："我的上帝啊，为何您不曾聆听我的祈祷呢？就让我中彩票吧，只要一次，仅此一次，让我解决所有困难，我愿终身侍奉您……"这时，圣坛上发出一阵庄严的声音："我一直在聆听你的祷告，可是最起码，你也该先去买一张彩票吧！"

一百个决定，不如一个行动，即使你拥有再渊博的知识，也不如一个行动；既使有再好的想法，也要付出行动才可能实现。管理大师彼得·德鲁克说"管理是一种实践"，而且"行动大于知识"。这就更加突出了一点：赢在立刻行动！

中国有句俗语"说一尺不如行一寸"，这句话说的也是这个道理。如果说理想是彼岸，现实就是此岸，中间就是湍急的河流，行动则是架在上面的桥梁。不论是多么伟大的目标、计划，只有付出行动，才能产生成功的结果。

比尔·盖茨曾说："有了好的想法，就立刻去做！只有立刻行动，才会取得成功。"比尔·盖茨是这么说的，同时也用自己的亲身经历证明了这一论点。从接触计算机的第一天起，比尔·盖茨就对计算机产生了巨大的兴趣。15岁时，比尔·盖茨就开始为信息公司编写异常复杂的工资程序。

上大学之后，更是一发不可收拾，比尔·盖茨每天都沉浸在计算机面前通宵达旦地工作。没过多长时间，就产生了退学的念头，尽管父母非常反对，但是他认定了自己创业的想法，离开了校园，开始了自己的创业之路……

比尔·盖茨的成功正是源于他在有了自己的想法之后立刻付诸行动。也只有这样，才能将想法具体实现；否则，再美好的想法也只是空谈。

在现实工作中，我们经常会听到这样的说法："如果我当时这样做就好了""上次我就想这么做了，但谁知还没行动就被人抢了先"……即使你的想法再怎么美好，不付出行动，也只能在大脑中夭折。

有一位成功大师曾经说过："凡事立刻行动，立刻行动，你的人生才会不一样。"只会夸夸其谈，从来不将自己的想法变成现实，也注定永远平庸。

行动起来，每一次精进都有喜悦

机会不是等来的，只有积极果断地打开心中那扇门，才能看到机会就在你面前。

犹豫不决的人，总是在等待着好的时机。但实际上，这些人缺乏的是立刻开始的决心，因为"真应该那么做却没有那么做"常令许多人遗憾终生。如果想成就大的事情，千万不能这样：有很多好计划没有实现，只是因为应该说"我现在就去做，立刻开始"时，却说"我将来有一天会开始去做"。

一次行动胜于百遍的胡思乱想，成大事者最为关键的一点就在于行动。

梦想是成大事者的起跑线，决心则是起跑时的枪声，行动犹如跑者全力地奔驰，只有坚持到最后一秒，才能获得成大事者的锦标。

西尔维亚是个美国女孩，她的父亲是波士顿有名的整形外科医生，母亲在一家极具声誉的大学担任教授。出生在这样的家庭里，她过得非常幸福，而且她完全有机会实现自己的理想。

从开始读大学时，西尔维亚就一直梦想着当上一名电视节目主持人。她觉得自己有这方面的才干，因为每当她和别人相处时，即使是陌生人，也愿意亲近她，喜欢与她长谈。而且，她还知道怎样从别人的嘴里"掏出心里话",朋友们都叫她"亲密的随身精神医生"。她也会经常对自己说:"只要有人愿给我一次上电视的机会,我就能成大事。"

可是,西尔维亚只有这样一个理想,什么也没做!她等待奇迹出现,希望一下子就当上电视节目主持人。这种奇迹当然不会到来,因为在她等奇迹到来时,奇迹已经与她擦肩而过。

哥伦布求学时,偶然读到一本毕达哥拉斯的著作,知道地球是圆的,他就牢记在脑子里。经过长时间的思索与研究后,他大胆地提出:如果地球真是圆的,他便可以经过极短的路程到达印度。结果,许多有常识的大学教授和哲学家都耻笑他。人们都不同意他的意见,还告诉他:地球不是圆的,而是平的;同时,还警告他,如果一直向西航行,船很可能会驶到地球的边缘而掉下去……无异于自杀。

可是,哥伦布并没有因为其他人对自己的看法而放弃自己的推论,他对这个问题很有信心。可惜的是,他家境贫寒,没钱实现这个冒险的理想,他想从别人那儿借点钱,但是没人搭理他。之后,他决定自己行动,不再这样空等下去,于是启程去见皇后伊莎贝露,沿途穷得只能以乞讨糊口。

见到皇后后,皇后非常赞赏他的理想,并答应赐给他船只,让他从事这种冒险工作。但是让他为难的是,水手们都害怕死,没人愿意跟随他去。哥伦布鼓起勇气跑到海滨,捉住几位水手,先向他们哀求,接着是劝告,最后没有办法,只好用恫吓的手段逼迫他们去。同时,他还请求皇后释放狱中的死囚,允许他们冒险成大事,免罪恢复自由。所有的事情都准备好后,1492年8月哥伦布率领三艘帆船,开始了划时代的航行。

从这个故事里就可以想象出,如果哥伦布还像过去一样一直等待,一定会蹉跎了岁月,美洲大陆的发现者可能要改换他人了。成大事者的桂冠也就永远不会属于哥伦布了。哥伦布最终成了英雄,从美洲带回来大量的黄金珠宝,得到了国王的奖赏,以新大陆的发现者而名垂千古。

哥伦布之所以能够取得这样的成就,就是因为他当初采取了果断的行动。

每天都会有几千人把自己辛苦得来的新构想取消或埋葬,因为他们不敢执行。要想在激烈的竞争中脱颖而出,就要让优柔寡断、犹豫不决等心态从自己的生活中消失,从现在就开始!

事情一旦决定,立刻付诸行动

任何事情的成就都要经历一个过程,成功逆袭也是一样;光想不做,成功只会离我们越来越远。不管是什么事情,考虑周全以后,都要立刻实施,不能一推再推。

美国香烟连锁店大王约翰·杜克没有接受过正式的学校教育,也不会写字,却有一套敏锐而理性的思考方式,这一点使他成为世界上最富有的人之一。他有一个良好的习惯,就是不会在琐碎或不重要的事情上浪费时间,会根据事实,迅速做出决策。

有一天,杜克遇到一位老朋友,朋友对杜克决定开2000家香烟连锁店,感到非常惊讶。朋友劝说他:"合伙人和我开两家店就忙不过来了,你还想开2000家?不能这样做,杜克!"

"不能?"杜克说,"我的一生都在犯错。但是,如果犯了错,我绝不会停下来讨论，我会继续下去，犯更多的错。"杜克不理会朋友的劝告，继续自己的计划，在美国很多州都开了自己的零售香烟连锁店，每个星期的营业额高达数百万美元。

后来，有人总结他成功的秘诀，就是当机立断，迅速做出决定，立刻行动。

爱因斯坦说过："天才是 99% 的勤奋加 1% 的灵感。"勤奋的科学家总会有灵光闪现时，为了不让任何灵感溜掉，在产生新的灵感时，就会立刻将之记录下来，这就是 99% 勤奋的表现之一。如果有了灵感，而不立刻记录下来，科学实验可能要延后很久才会成功。所以，优秀的科学家总会有立刻行动的习惯，同样，优秀的员工与科学家无异。

步入职场后，很多人都会抱怨工作累和辛劳。要想不埋怨，最简单的方式就是让自己行动起来。很多人并不缺少才能和发明力，而是缺少最简略的行动力。世界上每一件商品，从人造卫星到摩天大楼乃至塑料饭盒，都是由一个个主意付诸实行所得的结果。做了固然不一定能做好，但如果你不去做，连成功的可能性都没有。

在一位成功者的讲座上，记者采访他，问："请问您的成功秘诀是什么？"

成功者说："立刻行动！"

"那么，当您碰到难题时，您是怎么处理？"

"立刻行动！"

"当您遇到事业的瓶颈时，您将如何冲破？"

"立刻行动！"

"如果要让您把自己的成功秘诀分享给大家，你会说些什么？"

"立刻行动！"

立刻行动真的有那么重要吗？是的！整理以前积聚下来的事情，每个人都会觉得不高兴，从而生出腻烦。应当下一秒就去做的事情，如果你想留到明天去做，在这种拖延中所耗费的时间和精神，甚至都足以将那件事情做好。可见，行动才是起决定作用的力气，不管你的规划多么详尽，创意多么奇妙，不开始行动，永远都无法达到目的。

不要总给自己找借口、留退路，不要说什么"我还年青，还有机遇""来日再说吧"等，所有这些话，都充斥了负能量，会让你陷入消极懈怠的状况。

给自己做好目标以后，你就已经没有退路了，唯一的抉择就是立刻行动；如此，才能保持较高的热忱和高昂的斗志，才可能提高你的办事效率。同时，立刻行动本身就是一种踊跃的正能量，会在你行动时弥漫出成功的味道。

巴黎知名的绘画大师柯罗之所以能在艺术上获得众多成绩，就是因为他也是一个"立刻行动"的人。

有一次，一位慕名前来的青年画家，把自己的画拿给柯罗看，希望柯罗能够给他一些批驳和倡议。柯罗细心地看过之后，指出了自己觉得不太满意之处，青年画家立刻就对柯罗说："谢谢大师对我的提议，我明天回去后就改。"

柯罗生气地说："为什么要明天才改，明天还有明天的事情，你就立刻在这改吧！"青年画家听完柯罗的话，不好意思地低下了头，那天在柯罗的画室，他完成了修改。

若干年后，这位青年画家也在绘画界声明鹊起，当别人问起他成功的秘诀时，他说："柯罗巨匠那次让我立刻修正我的画，转变了我的毕生。他让我知道，凡事立刻行动很有必要。"

工作中，很多人都像那个年轻画家，习惯了迁延，什么事情都想着有明天，结果被弄得手忙脚乱，还跟人抱怨说："活真多，时间不够用了，怎么办？"真的是活多吗？其实，所有积攒的活都是你没有立刻执行的成果。

行动起来吧！当你立刻去执行老板交给你的任务时，当你立刻投入到工作中时，也就不会觉得空虚和无聊了，立刻行动的正能量会带给你意想不到成功。

遇到问题，果断处理，方能减少损失

在行动上没有任何不必要的踌躇和疑虑，果断是成大事者积累成功的资本。个性中多一些果断，遇到困难时，就可以克服不必要的犹豫和顾虑，勇往直前。身处困境，多一些果断，才能少一些损失。

拿破仑·希尔25岁时，在一家报社做记者，一天接到一个任务——采访钢铁大王卡内基。拿破仑·希尔很兴奋，因为这样的机会，平常人是很难获得的。卡内基侃侃而谈，他将采访内容都密密麻麻地记录在采访本上。

突然，卡内基问他："你是否愿意接受一份没有报酬的工作，用20年的时间对世界上的成功人士进行研究？"没有报酬，20年的工作时限？他微微愣了一下，不过立刻意识到这是一项极具挑战的工作。"我愿意！"他响亮地给出了答案。

卡内基也怔了一下，不确定地询问："你真的愿意？""愿意！"卡内基露出了满意的笑容。举起自己的手，露出了紧握在手中的手表，说："如果你的回答时间超过了60秒，就会错失这次机会。我已经对约两百个年轻人进行了考察，但没有一个人能在如此短的时间里给出答案。"

思想上的冲突和精力上的分散，是优柔寡断的人的重要特点。这种人无法克服内心矛盾着的思想和情感，在执行计划过程中，尤其是在遇到困难时，会长时间地陷入苦恼，怀疑自己所做决定的正确性，担心决定本身的后果和实现决定的结果，总是往坏的方面想，犹豫不决，因而计划老是执行不好。而果断的个性，则能帮助我们排斥掉胆小怕事的、顾虑过多的庸人自扰，把自己的思想和精力集中在计划执行本身，从而加强实现计划、执行计划的能力。

吉姆是某一段铁路的发报员，工作认真，待人态度亲切，人们都喜欢他。更让人敬佩的是，他24岁时就已经当上了这一路段的分段长，是最年轻的一个。他是如何做到这一点的呢？其实，他的升职主要取决于他的果断和责任心。在未升职之前，发生过这样一件事：

那天早上，吉姆像平时一样来到办公室发报纸，刚一进来，就听到同事们说，一辆被撞毁的车阻塞了路线，铁路运输陷入了大乱。电话铃声响个不停，赶火车的乘客急得团团转，纷纷质问到底出了什么事，为什么没有人解决。按照铁路的有关规定，遇到紧急情况，不经铁路分段长同意，是不能调车的；没有分段长的书面或口头同意，任何人擅自调车都会受到处分或革职。而当时，分段长约翰正好不在。

堵车情况越来越严重，货车全部停滞，载客特快也误点，分段长依然没有出现。如果事情继续发展下去，必然会影响到整个铁路运输系统。看到心急如焚的人们，吉姆二话不说，在同事胆怯的目光下发出了调车集合电报，在上面签上了约翰的名字。

这一举动确实破坏了铁路最严格的规则中的一条，一经查实，他就要离开铁路系统，没人敢承担这样的后果。吉姆断然决定这样干，并且说一切后果由他承担。

经过一段时间的忙碌，拥堵的道路畅通了，约翰也回来了，各项事务顺利如常。吉姆将整个事件的经过告诉了约翰，等待着他的批评和处分。约翰只是笑了笑，什么也没说。

同事们感到很惊奇，问约翰："为什么不照规则办事，今后还会有人服从规定吗？"

约翰严肃地说："如果规则能解决问题，就按照规则办；如果规则不能解决问题，就要想办法。果断和有责任感的人永远不该受到指责。"

不久之后，吉姆被升任为约翰的私人秘书，24岁时便成为这段铁路的分段长。

面对困难，左顾右盼，顾虑重重，看起来思虑全面，其实是毫无头绪，不但会分散同困难做斗争的精力，还销蚀同困难做斗争的勇气。个性果断，就能沿着明确的思想轨道，摆脱对立动机的冲突，克服犹豫和动摇，坚定地采纳经过深思熟虑后拟定的方法，并立刻行动起来同困难进行斗争，取得克服困难的最大效果。

万事开头难，在做事情之前，很多人都会想来想去，觉得这样做无把握、那样做不保险。其实，只要将不必要的顾虑消除掉并真正下决心干起来，做着做着事情就做顺了。

果断要以果敢为基础，尤其是在情况紧急时，更要当机立断，迅速地做出决定并且执行决定。比如，在军事行动中就需要这样。战机就在分秒之间，要想抓住战机，就要果断从事。看准了大方向，有七分把握，就要果断地下定决心。

果断和优柔寡断是相对的两个词，在面临考验时，果断的人和优柔寡断的人会做出完全不同的反应和结果。没有果断决策的能力，你的一生就会像深海中的一叶孤舟，永远漂流在狂风暴雨的汪洋大海里，永远达不到成功的目的地。

要想获得高成就，就要主动率先行动

成功是一种努力的积累，能够一夜成名的人，其实在获得成功之前，已经默默地奋斗了很长时间。要想获取成功，每个人都要经过长时间的努力和奋斗；要想获得最大的成功，必须永远保持主动率先的精神，即使面对的是你不感兴趣的工作。

消极被动的人，只会将工作当成"要我做"的事情；只有自动自发的人，才会把工作当成"我要做"的事情。所以，永远不要把"要我做"当作工作的前提。

在法国西南部有个名叫索米尔的小镇，卡布里埃·夏奈尔就出生在这里。父亲是个小批发商，夏奈尔出生后，父亲就抛弃了母女俩。母亲含辛茹苦，好不容易把她拉扯到6岁。结果母亲得了一场大病，不幸去世，夏奈尔成了孤儿，被送进当地教会办的孤儿院。

多年后，当地的富家子弟艾蒂安·巴尔桑与夏奈尔一见钟情，两人确立了恋爱关系。可是，夏奈尔不想长时间居住在偏僻狭小的穆兰小镇，想出去见见大世面。于是，在20世纪初，夏奈尔跟着巴尔桑来到了世界大都市——巴黎。

看着光怪陆离的大都市，夏奈尔感到非常激动。凭着女性特有的爱美天性，在这五光十色、拥挤繁华的大都市中，夏奈尔发现了一片亟待开垦的处女地——巴黎妇女的着装穿戴毫无时代感。

夏奈尔流连在街头，细心地观察着过往行人的衣着，觉得她们的穿着既保守又没有时代感。于是，她生发出一个梦想，当一名勇敢的拓荒者，让美丽的时装装扮这个都市。可是，男友巴尔桑却不支持她，两人为此经常发生争吵，最后不得不分手。

在陌生的巴黎，一个弱女子要想开拓一番事业是非常不容易的。在这关键时刻，卡佩尔向她伸出了援助之手。卡佩尔是当地人，生性随和，不拘小节，家境富裕，非常支持夏奈尔献身服装业。

凭着强大梦想激发的力量，夏奈尔小试牛刀，结果旗开得胜，让她信心大增。接着，她迈开大步子，大胆设计，自行缝纫，全身心地投入到服装改革之中。服装店的规模一年比一年扩大，夏奈尔在康蓬大街接连买下5幢房子，建成了巴黎城最有名的时装店。

1922年，夏奈尔引进并按她所谓的幸运数字命名的"夏奈尔5号香水"，又一次大获成功。1924年，夏奈尔创建了夏奈尔香水公司。畅销全球的香水为夏奈尔的事业提供了雄厚的财政基础，使她成为当时世界上声名赫赫的富婆。她从一个只有6名店员的小老板，变成了一位拥有4家服装公司、几家香水厂及一家女装珠宝饰物店的大企业主。1953年，71岁的夏奈尔向舆论界宣布：她要举办个人时装设计作品展，并将夏奈尔服装推向美国及全世界。

夏奈尔在新都市里为自己找到了一个新的奋斗目标，很好地跟自己的兴趣结合了起来，还得到了卡佩尔的帮助，成就了自己不朽的美丽事业。如果安心住在乡下小屋，那夏奈尔这辈子也许只是一个乡村姑娘；如果甘心嫁入豪门享受富贵，那她这辈子也只是一个阔太太。如果这个柔弱的姑娘没有主动并坚实地走出那一步，如今的世界上缺少的将不仅仅只是一个品牌！

只有"主动率先"，才能发掘出新机遇，遇到新贵人，维护原有的圈子。不管是在哪里，不管面对什么样的人，不管处于什么样的环境，关键要主动，不要坐等机会上门。

现实中，许多人每天都在忙碌地奔波，为工作，为生活，但他们大多感到很茫然。每天重复着上班、下班，到时领取属于自己的那份薪水；领取薪水的那一刻，或许会高兴或者抱怨，可是第二天依然要上班、下班，重复地过着每一天。很少有人会思索关于工作的问题，他们只是在被动地应付工作，为了工作而工作。如此，虽然目前看起来似乎衣食无忧，但由于缺少对未来的规划和主动进取的精神，也只能获得暂时的生活平静。

一个人最可怕的不是缺少知识、没有优点，而是缺乏积极主动的心态。缺少积极主动的心态，工作也就成了养家糊口的工具，甚至成了一种负担、一种逃避，自然也就无法做到工作要求的那么多、那么好，无法将自己的热情和智能全部投入工作。只是在机械地完成任务，而不是主动地、创造性地工作。

高绩效最喜爱"我要做"的那类人，并乐意为其效劳。因此，必须像优秀员工那样，发扬主动率先的精神，变"要我做"为"我要做"。不管面对的工作多么枯燥乏味，主动率先都会让你取得非凡的业绩。

可是,"主动率先"也不是某些人理解的出风头、富有侵略性或无视他人的行为。真正自动自发的人反应更敏锐、更理智、更低调、更能切合实际并掌握问题的症结所在;因为只有抓住了问题的症结所在,并积极主动地解决问题,才能取得更好的业绩。

在小事上主动一些,一切都会变得美好起来

美国成功学家格兰特纳曾说过:"如果你有自己系鞋带的能力,就有上天摘星的机会!"一个人对待生活、工作的态度,决定着他能否做好其他事情。只要改变一下自己的心态,所有的一切都会改观!遇到问题时,寻找各种各样的借口来开脱,并且养成习惯,是很危险的。

工作主动的人,即使是没人要求、驱使,也能自觉并出色地做好需要做的事。在竞争异常激烈的时代,被动意味着挨打,主动就能够占据优势。世界上从来就没有救世主,我们的事业和人生并不是上天安排的,需要自己主动去争取。

对自己的工作不满意,抱怨薪水太低、没有发展前途,总觉得现有的工作不值得留恋;觉得普通的工作是对自己的一种折磨,自己怀才不遇,想要跳槽……其实,这种想法大可不必。很多时候,只要主动一点,就能发现工作的可贵之处,就能找到工作的未来发展机遇。

林书豪是现役NBA赛场上一位华裔球员,可是很少有人知道他的篮球之路充满了坎坷:选秀落选,好不容易挤进纽约尼克斯队的球员名单,却也仅仅是个替补队员,出场时间寥寥无几。但他忍受了下来,不

能出场，便加大训练量……经历了几个赛季的沉淀，他终于等到了展现的机会。

一次，多名首发队员因伤缺赛，林书豪被调入首发。他就像一只新发射的火箭，一发而不可收拾，带领球队一扫之前连败的阴霾，接连战胜强敌，豪取四连胜。

逆袭者拼的从来都不是运气，而是在小事上的主动。将众多小事做好也是一笔财富，更能聚集起巨大的力量，最终使人完美转身。

逆袭绝不只是一种姿态，更是一种精神和一种百折不挠的力量。在明亮的光彩下是面对黑暗时的不屈不挠，更是对小事的主动，慢慢沉淀，积聚力量，自己也能破茧成蝶。只有主动、真诚地提供真正有用的服务，成功才会伴随而来。与其被动地服从，不如主动完成。

现实中，有些受过良好教育、才华横溢的年轻人，在公司里却长期得不到提升，原因何在？主要就在于，他们不愿意自我反省，养成了喜欢嘲弄、吹毛求疵、抱怨和批评的恶习；他们无法独立自发地做任何事，只有在别人的监督下才会做。

所有的失败者身上都有一种顽疾，那就是没有限期的拖延——今天该做的事拖到明天完成，现在该打的电话等到一两个小时后才打，这个月该完成的报表拖到下个月，这个季度该达到的进度要等到下个季度……在我们的工作中，实在有太多的拖延。

美国作家艾尔伯特·哈伯德在《致加西亚的信》一书中曾写道："世界会给你以厚报，既有金钱也有荣誉，只要你具备这样一种品质，那就是主动。"所有的成功者都对工作有着积极主动的态度。工作主动的人，会随时准备把握机会，展现出超乎他人要求的工作表现，拥有"为了完成任务，必要时不惜打破成规"的智慧和判断力。简单概括成一句话：不用别人督促，也能出色地完成工作。

对于一个人来说,只要具备了主动工作的意识,也就具备了成功的思想基础和关键。要想在现代社会中获得成功,就要改变自己"工作中不够主动,听吩咐才能做事"的被动心态,努力培育自己的主动意识。

具有"率先主动"的竞争意识,就能主动地为自己设定工作目标,开拓性地思考和改进工作方式。要主动推销自己,善于表现和展示自己的特长优点;即使是犯了错,也要主动承认,并迅速改正,让错误成为成功的垫脚石。如此,才能在瞬息万变的竞争环境中获得机会和成功。

比尔·盖茨曾经说过,他之所以要为自己领导的微软感到自豪,是因为在这个团体中聚集着一大批积极主动的年轻人;在选择公司管理者时,他也将"热爱微软的事业"这一标准放在优先位置。因为他知道,只有热爱工作的人,才能在工作中做到积极主动,才能在面对困难时破釜沉舟。热爱微软、积极主动,就是比尔·盖茨最看重的职业素质。

积极主动是一种极珍贵的素养,它能使人变得更加敏捷,更加积极。成功者与失败者的最大区别就是成功者做事都积极主动,失败者则多半消极被动。即使是底层的普通职员,只要每天主动多做一点,也能让他从竞争中脱颖而出。工作主动,老板、委托人和顾客就会关注你、信赖你,从而给你更多的机会。

在规定的时间内完成工作，不拖拉

在现代职场中，很多人都抱着"今天实在太苦太累太疲倦了，明天再来做吧"的想法。殊不知，明天还有明天的工作，积累下来，工作就会越来越多。

很多职场人都养成了拖延工作的作风，本来可以随手处理的事，却拖得几天几周办不了；几天内可以办的事，却几个月不见踪影。还有的人对需要解决的问题故意"踢皮球"，你踢向我，我踢向你，导致工作效率非常低。有推后任务或工作的冲动，在不同程度上拖延工作，只能导致项目推迟、工作无法按时进行……

"等一会儿再做，我现在正忙着呢。"这是很多人经常听到的拖延借口。其实，有些人在说这些话时，手上正干着无关紧要的事情，比如电话聊天、上网娱乐、打游戏，甚至还让"办事拖延"这种惰性成了自己习以为常的工作方式。因此，只能明日复明日，终生碌碌无为。

小江在一家公司做办公室文员，同时也是老板秘书。一次，老板交给小江一大沓材料，让他写一份5000字左右的讲话稿。小江翻看了材料，都是公司上半年的各项总结，内容繁杂，条理不清，仅看材料就花掉了他大半天的时间，直到快下班了，小江还没有动手写。看到下班时间到了，他就果断拿起公文包走人。

小江想，老板没有限定时间，第二天再写也不迟。没想到第二天，老板又交给他一些工作，众多事情交杂在一起，他忙得团团转，根本没有时间写，第三天仍然没有时间。直到第四天，小江才开始动手。没想到，就在他正不停地敲击键盘时，接到了老板的电话："讲话稿下午下班时送到我办公室。"

小江抓了狂，算算时间，还不到四小时，肯定无法按时完成了。果不其然，到了下班时间，他依然没做完。小江心存侥幸：今天已经下班，老板肯定没时间看，明天早上给也不迟。于是，果断关闭电脑，离开公司，回家加班。

第二天一上班，小江就敲响了老板的办公室。可是，当他拿着打印好的材料交给老板时，老板的脸色明显不悦："从我给你资料到现在，已经是四天多，今天已经是第五天。我给你的时间足够，昨天我给了你最晚期限，你却今天给我？无法在规定的时间里将工作做好，让我不得不怀疑你的工作能力。"

小江心中一慌：不会要辞退我吧！老板接着说："这种事情以后要抓紧！"小江立刻保证："好的，一定。"然后，灰溜溜地退了出来。

拖延，只能让需要处理的问题越积越多，每天对着桌面上堆积如山的未处理的工作，却不知从何下手，只能丢了这件忘了那件，结果问题越来越多。拖延还会使你前途黯淡，与晋升无缘。任何老板都不会一而再、再而三地容忍下属办事拖拉，不讲求实效，他们需要的是强有力的辅助者，而不是优柔寡断的跟随者。

"拖"是人的通病，也是大病，会拖掉你成功的机会。比如，本来应该给客户打电话，却一拖再拖，没有及时打电话，结果耽误了工作，让公司蒙受损失；没有及时做出关键性决定，就会错过最佳时机而惨遭失败；

延误了看病时间，会给生命带来无法挽回的损失……

拖延并不能使问题消失，也不能使解决问题变得容易起来，只会使问题深化，给工作造成严重的危害：没解决的问题，会由小变大、由简单变复杂，像滚雪球那样越滚越大，解决起来也越来越难。

心理学家指出，办事拖延、效率低下主要缘于这样的打工心态：

首先，拖延的人对完成工作过于自信。他们总会说："着什么急啊，这个工作我做了几年了，总能完成。"至于这期间会不会发生变故，他们统统不考虑，于是能一天干完的工作也要分成几天。

其次，完成工作后愉悦感低。拥有这种心态的员工，厌倦工作、没有激情、任务难度大、人际关系紧张等，在接手工作时就已经把脑袋扭向了一边，心里嘀咕着"不高兴，不想做"。不快感浇灭了工作的热情，只能拖一天算一天。

最后，对可能获得的奖励和犒劳的期望值低。在绝大多数情况下，人们都会按部就班地工作，完成了某项任务，获得多少回报基本上是固定的，也是人们所能预期的，只有少数工作才会给人带来更高的奖励。因此，在适应了惯常工作后，就容易产生"早做晚做，薪水都一样"的想法，也会导致拖拉、效率低下。

拖延，是一种消极心态，会使问题的难度增加一百倍。要想解决这个问题，就要——立刻去做，主动去做。格言"今日事，今日毕"告诉我们：身在职场，必须养成随手处理事情的作风，不能依赖明天。

一次只做一件事,方可提高做事效果

生活中,好高骛远、见异思迁、心浮气躁,什么都想抓,最终就会像猴子掰玉米,掰一个、丢一个,到头来两手空空,一无所获。有这样一个小游戏,可能很多人都玩过:

炎热的夏天,在太阳底下,将放大镜放在报纸上空,中间隔一小段距离。很快你就会发现:如果将放大镜不断地移动,永远也无法点燃报纸;如果放大镜不动,只聚焦于报纸上的一点,很快就能利用太阳的威力把报纸点燃。

有一次,一位青年苦恼地对昆虫学家法布尔说:"我辛苦地把自己的全部精力都花在我喜欢的事业上,可是收获甚微。"

法布尔赞许道:"看来你是一位献身科学的有志青年。"

青年说:"是啊,我爱科学,可我也爱文学,对音乐和美术我也感兴趣,我把时间全都用上了。"

法布尔从口袋里掏出一块放大镜说:"请你像这块放大镜一样,把精力集中到一个焦点上试试。"

著名的效率提升大师博思·崔西有一个著名论断:"一次做好一件事的人比同时涉猎多个领域的人要好得多。"

富兰克林将自己一生的成就归功于"在一定时期内不遗余力地做一件事"这一信条的实践。

爱迪生认为，高效工作的第一要素就是专注。他说："能够将你的身体和心智的能量，锲而不舍地运用在同一个问题上而不感到厌倦的能力就是专注。对于大多数人来说，每天都要做许多事，而我只做一件事。将时间和精力都用在一个方向、一个目标上，就会成功。"

姑且抛开能否成功的念头，只要做事时只专注于眼前的一件事上，不让杂念充斥自己的头脑与心，就会从中获得非凡的愉悦与充实感，之后的成功自然便会接踵而至。

很多人都见过沙漏：在沙漏的上半部分，有成千上万粒沙子，可是却无法让两粒以上的沙子同时从一个窄细的漏管中流下去。其实，每个人都像沙漏，每天都有许多事情要做，如果一件件地做，就像沙子一粒一粒地通过沙漏一样，既能把事情做好，又能保证生活井然有序。相反，如果一心二用，既没法把事情做好，又会破坏掉生活的平衡。

在广袤的地球上，以十平方米这种小面积来计算，人口流动密度最大的也许就是纽约曼哈顿中央火车站的问询处了。那里每天都会人潮涌动，匆忙的游客都争着询问自己的问题，希望立刻得到答案。对于问询处的工作人员来说，工作的紧张与压力可想而知，疲于应对可能是他们的共同感受。可是，在问询处，一个胸前挂着组长标志的年轻人面对游客的提问却总是应付自如。

一天，一个肥胖的妇女来到他面前，咨询问题。她脸上的汗水不由自主地往下流着，显然她很着急。

为了更好地听到她的声音，年轻人倾斜着上半身："您好，您有什么问题？"他抬高头，集中精神看着这位妇人，接着说："您要到哪里去？"

这时，一位手提着皮箱、头上戴着礼帽的男子试图插入他们的对话中。但是，年轻人像没看到他一样，继续和这位妇人说话："您要去春田吗？那班车将在15分钟内到达第二站台。您不用跑，时间还多得很。"

妇女转身迅速地离开，年轻人将注意力移到那位戴帽子的男士身上。但是，没过多久，妇女又汗流浃背地回来问："你刚才是说第二站台吗？"这次，年轻人却把精神都集中到那位戴礼帽的男士身上，回答完那位男士的提问后，才把注意力转移到妇女身上。

有人问年轻人："面对如此多的提问和急躁的旅客，你是怎样保持冷静的呢？"年轻人回答说："我并没有和所有的人打交道，我只是单纯地处理一位旅客。忙完一位，再换下一位。一次只为一位旅客提供服务，要让这位旅客满意。"

许多人在工作中把自己搞得疲累不堪，效率低下，很大程度上就在于他们没有掌握这个简单的工作方法：一次只解决一件事。他们总试图让自己高效率地完成工作，结果却适得其反。

要想提高工作效率，就要像那位年轻人一样，一次只着眼于一件事情，并且集中精力，出色地完成。

一次只解决一件事情，并不是忽略其他事情，而是循序渐进地完成任务。只有这样，才能真正有效地处理好身边的每一件事情。

不要给自己留退路，说什么"以后还有机会"

想想看，创立过一番事业的人，有几个是受过高深教育的？可是，在他们的同时代人中，很多人的学历比他们高、环境比他们好，为什么成就反而不如他们？也许你对他们赚钱的方式表示不赞同，或认为他们是靠机会创造的财富，其实，他们取得成功的关键是，不给自己留退路。

我们都羡慕富人拥有的巨额财富，只看到了他们的成功，却很少有人关注他们成功背后所付出的艰辛。对这些富人来说，他们也曾遭遇过失败，经历过挫折，但与别人不同的是，他们从来不给自己留退路。

在生活中，退路永远都是留给失败者的。那些成功者，那些积累了万贯家财的富人，从来没有想过为自己留退路，因为退路往往会成为一个人退缩的理由。

要想成功，就要切断退路，不给自己任何退缩的理由。没有退路，就会尽自己最大的能力向着成功的方向前进；而任何一个人，一旦最大限度地发挥自己的能力去做一件事，成功的几率就会大大增加。

从这个角度来讲，没有任何退路可走的人是最容易成功的。只有失去退路，才会找到出路！

30岁的鲍斯一事无成，可是上学时，他可是老师和同学眼中的才子，他也一直认为自己会有一个美好的未来。可是，如今已经毕业八年，当初不如自己的同学都成了远近闻名的企业家，而自己却依然跟刚毕业时一样，每月为着几千块的工资辛苦打拼。

鲍斯感到很苦恼，他找到自己大学时的导师格林先生，向他寻求改变自己现状的方法。没想到，格林先生早就离开了学校，现在已经是一家大型咨询公司的总裁了。

看到自己昔日的学生，格林先生非常高兴。鲍斯将自己的困惑告诉他，他没有提出什么办法，只是邀请鲍斯参加下周一公司组织的比赛。比赛那天，鲍斯如约而至。比赛的规则很简单：每位选手面前有四条通往目的地的道路，要求以最快的速度到达目的地。

鲍斯随便选择了一条道路，出发前他将一根绳子系在自己身上。这样，即使这条路行不通，也能顺着绳子原路返回。在这条路上，他走了很久，却一直找不到出路，无奈之下，只好顺着绳子原路返回。

接着，他又选择了第二条路。出发前，他同样将一根绳子系在身上。可是，没过多长时间，他突然又觉得自己像进了迷宫一样。他继续向前走，最后终于走了出去。结果，出现了一片森林，看上去似乎更难走。他走进森林，很快就迷失了方向。不得已，他又顺着绳子返回。

然后，他选择了第三条路。在出发前，他没有忘记将一根绳子系在身上。这条路和前两条一样，同样遇到了迷宫般的小路。但有了前两次的经验，他很快就走了出去。走出密林之后，鲍斯继续向前走。这时，前面出现一条没有桥的河。鲍斯只好重新顺着绳子回到起点。

现在，只剩一条路了。鲍斯知道，这是自己最后的选择，即使系绳子，自己也不可能再回来了，于是没有系绳子。有了前三次的经验，他很快通过了迷宫，穿过了密林，游过了冰冷刺骨的大河。走上河岸，他就看到了不远处的目的地。同时，鲍斯还发现，目的地旁边有四个出口。原来，选择任何一条路都会到达终点。

格林先生看着面带惊诧的鲍斯说："其实，不管走哪条路，只要勇敢地走下去，都会走向终点。但最关键的问题是，千万不要为自己留退路。"

鲍斯明白了格林先生的用意：人生，也不能为自己留有退路。

如果想要做一个了不起的人，就不能为自己留退路；只有将自己逼上绝境，才能置之于死地而后生。一旦拥有了这样的雄心壮志，也就有了奋斗的动力，能够更加努力拼搏，实现自己的人生目标。

很多时候，成败只在一瞬间。不给自己留退路，就会将自己的信心与勇敢全部集中在前进的道路上，就会竭尽全力、孤注一掷地不断前行。此时，任何困难都会被你踩在脚下，任何挫折都会被甩在身后。历经艰辛之后你就会发现：原来，成功就在不远处！

第六章

时间是最好的魔法师

在有限的时间里，让自己养成好习惯

习惯是一个人独立于社会的基础，不仅在一定程度上决定着人们的工作效率和生活质量，还会影响一生的成功和幸福。因此，在有限的时间里养成卓越的习惯就是人生迈向成功的第一步，更是从逆境的泥潭中摆脱的一大要事。

1978年，75位诺贝尔奖获得者汇聚在了巴黎。

一个年轻人问其中的一位："您在哪所大学、哪所实验室里学到了您认为最重要的东西呢？"

这位白发苍苍的学者回答说："是在幼儿园。"

年轻人又问："在幼儿园里学到了什么呢？"

学者回答说："把自己的东西分一半给小伙伴们；不是自己的东西不要拿；东西要放整齐，饭前要洗手，午饭后要休息；做了错事要表示歉意；学习要多思考，要仔细观察大自然。从根本上说，我学到的全部东西就是这些。"

一生成就斐然的培根，他在谈到习惯时深有感触地说："习惯真是一种顽强而巨大的力量，它可以主宰人的一生，因此，人从幼年起就应该通过教育培养一种良好的习惯。"

养成好习惯不容易，但一旦养成了好习惯，就可以让自己终身受益。事实证明，世界上许多伟人、名人都有自己的好习惯，比如，毛泽东从小就懂得帮助他人，成为了人们爱戴的领袖；爱迪生从小就养成了好问的习惯，获得了一项又一项的发明成果。平时，大多数人都会关注成功者所表现出来的天赋、智商、魅力和工作热情，其实只要整理归纳一下他们的表现，就会发现，这些人身上都存在一个简单的共同特点——好习惯。

一直以来，本杰明·富兰克林都是全世界公认的伟人。他不仅发明了避雷针，参与了美国独立战争；还写出了"自由、平等、博爱"的名言，是美国《独立宣言》的主要起草人之一；同时，还是著名的作家、画家、哲学家，自修了法文、西班牙文、意大利文、拉丁文等。富兰克林在众多领域做出了杰出的贡献，受到了世世代代不同国籍、不同肤色人们的敬仰。

79岁高龄时，富兰克林想起自己一生取得的成就，用了整整15页纸叙述了自己年轻时曾进行过的特殊修炼。他认为：自己的一切成功与幸福都受益于此。

年轻时的富兰克林非常渴望成功，经过研究，他发现成功的关键在于完善的人格。之后，他经过精心总结，认为完善的人格应包括以下13个原则：节制、寡言、秩序、果断、节俭、勤奋、诚恳、公正、适度、清洁、镇静、贞洁、谦逊。经过进一步研究，他还发现，仅知道这13个原则还不可能获得成功，只有经过刻苦的修炼，把这13个原则变成自己的13种习惯，才能真正内化成自己的东西；否则，还是别人的，是书本上的。

富兰克林认真地为自己准备了一个本子，每页上都打了许多格子，打算为自己的行动做好记录，以便监视自己的行动。他知道，只有长时间只专注于一项修炼，才会取得最佳的效果；否则，会适得其反。所以，他第一个星期只专注于"节制"，每天检查自己为人处世是否"节制"，并在本子上做上记号。

一个星期后，由于每天都专注于自己是否"节制"，富兰克林惊喜地发现，"节制"已经慢慢在他身上生根了。尝到甜头后，第二个星期他又开始专注于第二项——"寡言"，并对第一项"节制"复习巩固；第三个星期又专注于第三项——"秩序"，再对第一项、第二项进行复习巩固……就这样，13个星期后，他竟然发现自己举手投足、为人处世、待人接物发生了根本变化。

之后，为了让这13个原则完全变成自己的习惯，富兰克林在一年内又进行了三次13个星期的轮回修炼。一年以后，富兰克林真的完全变了，这种变化已经融入了他的血液和灵魂，浸透到他的每一个细胞。因此，他的成功也变得顺理成章了。

不可否认，富兰克林的成功确实在于好习惯的养成。如果情况不是如此，可能富兰克林的成就也会减少一项。

一旦养成了好习惯，我们就会生活有序、工作有序，就会减少拖拉、减少抱怨，就会提高效率、珍惜时间……而所有的这些，都是拉动我们摆脱困境的重要推动力。

因此，想要控制命运、改变自己预设的结果，就要养成好习惯。成功者之所以能实现自己的梦想，就是由于他们培养了"千金难买"的好习惯；如果你也想达到相同的成果，就要努力培养各种良好的习惯。

像植物那样在岁月中成长

坚强的人会告诫自己：人生没有一帆风顺的旅途，接受挑战是一种乐趣！人生的道路曲折漫长，充满成功与失败、顺境与逆境、幸福与不幸等矛盾。而人生挫折则是一个人迈向成功的征途中必须认真对待的一个课题。

前段时间，林梅迷上了种花，从花市和网上买来了各种工具、花种、花盆和小花苗，空闲时，便挖土、栽种，整天忙得不亦乐乎。

四月的一天，林梅在育苗盆中埋下了葫芦种，期盼能够快点看到布满阳台栏杆的绿叶下结出的一个个小葫芦，她甚至还妄想着，如果能结7个葫芦就好了，如此就可以买些颜料，给它们涂上葫芦娃的7种颜色！连林梅都觉得，自己的想象力太丰富了。

一个星期后，同时种下的其他花苗纷纷钻出土壤，叶子一天天舒展开来，但是期盼已久的葫芦却一点动静都没有。终于，林梅放弃了自己的"葫芦梦"，几天没去看那个花盆，当她再次无意瞟到它时，却发现里面冒出了一个小小的，像豆芽一样的小苗，两片嫩叶还合抱在一起没有分开，那正是她期盼已久的葫芦苗！原来，它在被林梅忽视之后还在努力生长！

一天早上，当林梅兴冲冲地去给花浇水时，发现小葫芦苗弯下了腰，头顶着地，叶子也有些枯萎，看上去半死不活的样子。林梅恍然大悟，肯定是昨晚风太大了。但后悔也晚了，她没有什么可以做的，只能祈祷它能重新站起来。

晚上回家时，林梅做好了迎接它死亡的准备，慢慢地走进了花盆，但出乎意料的是，她发现小苗居然又挺得直直的了！而且好像还长大了！

其实，何止是植物，人生亦是如此！每个人都要经历岁月的洗涤，经历岁月中的每一次风雨。重要的是，我们要像植物一样，在艰苦的环境中，集中精力慢慢成长，终有一天长成一棵参天大树，或者开出绚丽的花朵。

德国天文学家开普勒，从童年开始就多灾多难，在母腹中只呆了七个月就早早来到了人世。后来，天花又让他变成满脸麻子的模样，猩红热还弄坏了他的眼睛。但他凭着顽强、坚毅的品质发愤读书，学习成绩遥遥领先于其他同学。在以后的生活中，他又经历了多病、妻子去世、良师去世等一连串的打击，但他仍然坚强地挺立着，从未停下对天文学的研究，终于在59岁时发现了天体运行的三大定律。他把一切不幸都化作了推动自己前进的动力，以惊人的毅力摘取了科学的桂冠。

"天将降大任于斯人也，必先苦其心志，劳其筋骨，饿其体肤，空乏其身，行拂乱其所为，所以动心忍性，曾益其所不能。"不经过风浪，就不能到达胜利的彼岸；不经历风雨，就不能看到彩虹；不经受磨难，就不能成大事。任何一个人，要想成功，就要经受住失败与磨难的考验，在磨难、困境中一点点成长起来。

有人问万科集团董事长王石："你最尊敬的企业家是谁？"王石沉吟了一下，说出了一个人的名字——褚时健。不是全球巨富巴菲特、比尔·盖茨或李嘉诚，也不是房地产界的某位成功者，而是一个老人，一个跌倒过并且跌得很惨的人。

褚时健担任一家小厂的厂长后，披荆斩棘，以非凡的胆识和能力，用18年的拼搏，使小厂成长为每年利税991亿元的大型集团。可是，他辉煌的人生之路在他 71 岁时偏离了航向，1999 年因贪污被判无期徒刑，他的女儿也在狱中自杀身亡……

发生了这些事，对一个 70 多岁的老人来说，应该是一生中摔得最重、跌得最惨的一跤。许多人认为他的这辈子完了，可是他并没有垮掉，先是获得减刑，改为有期徒刑 17 年，接着在 2002 年因为严重的糖尿病获批保外就医，回到家中居住养病。

按照人们的设想，褚时健能在家颐养天年，就已经是最好的结局了。可是，让人不可思议的是，他居然承包了 2000 亩荒山，开种果园。这时，他已经 75 岁，身体不好，承包的荒山又刚经历过泥石流的洗礼，村民都说那是个鸟不拉屎的地方。可是，这些困难都没有阻挡住他的"疯狂"行为。

褚时健带着妻子进驻荒山，成了一个地道的农民。几年之后，他用努力和汗水把荒山变成了果园。

人生，总要经历一些磨难；在人生的道路上，每个人都要面对各种磨难。在磨难面前，只有意志坚定的人，才能紧紧地扼住命运的喉咙，从磨难中汲取成长的智慧；胆怯懦弱的人，只能被磨难所吓倒；不肯接受现实的考验和挑战，就会成为不经风雨、不历酷热的植物，无论怎样，也无法成长为成功的人。

工作的过程本身就是一种奖赏

我们来到这个世界上最大的任务就是养活自己,而要想养活自己,首先就需要一份稳定的工作。同时,还要不断地努力,认真地将工作做好,如此才能让自己过上更好的生活。从这个角度来说,工作是立身之本,更是幸福的源泉,工作的过程本身就是一种奖赏。

工作和生活都是个人成长的忠实伴侣。每一项工作,都是一场灵魂的自我对话,都是生命中的伏笔,都是美妙的成长线索。工作的广度和深度,可以改变一个人的内涵,决定一个人思想的高低,影响一个人视野的远近。在工作中,我们能聆听到内心深处冰层碎裂的声音,如同翻山越岭爬坡过坎后的欣喜,在水波荡漾中看到了越来越清晰的自己。

工作是生命的一种状态,也会沉淀为一种素养,升华为一种视角的高度和宽度。

工作中获得的成熟,是一种明亮而刺眼的光辉,更是一种不再需要对别人察言观色的从容。同时,工作还是对自己的最好奖赏、最大肯定、最高荣誉。

有个60多岁的老乞丐,一辈子都在要饭。一次偶然的机会,乞丐遇到了佛祖,并请佛祖满足他三个愿望,佛祖答应了。老乞丐很高兴,立刻就说出了自己的第一个愿望:"我想变成一个有钱人。"佛祖立刻满足了他。

第一个愿望实现后,老乞丐想让自己年轻40岁。仁慈的佛祖挥一挥手,乞丐立刻成了20多岁的年轻人。

乞丐兴奋极了,接着又向佛祖提出了他的第三个愿望:"一辈子不用工作。"佛祖也答应了他。结果乞丐又变了回去,又成了路边一个脏老头。他不解地问:"为什么?我为什么又变得一无所有了?"

佛祖说:"工作是我能给予你的最大祝福,你什么都不做,整天无所事事,是非常可怕的!只有投入工作,生命才会有活力。现在你把我给你最大的恩赐扔掉了,自然就会一无所有了!"

通过这个故事,我们可以看到工作对于一个人的价值和意义。不努力工作,幸福也就成了泡影。

工作是我们一生的主要内容,当你工作不顺利或失去它时,就会产生一种无助和压力。正如德国首相俾斯麦所说:"工作是生活的第一要义。不工作,生命就会变得空虚,就会变得毫无意义,也不会有乐趣。没有人游手好闲却能感受到真正的快乐。"在漫长的人生中,大部分时间都是在工作中度过的,工作的成败在某种程度上也影响着人生的成败。从修行的角度来讲,工作做得出色,不仅可以得到工薪,还是对自己价值的一种肯定,从而得到被认可、被需要的幸福感。

清水龟之助是日本的一名邮递员,每天的工作就是将各种邮件分送到每个家庭。这工作又辛苦,又平淡。在最初的日子里,他还不懂得工作的价值和意义,做满一年以后,便心生厌倦,打算辞职。

有一天,清水龟之助冒着大雨去送信,当看到自己自行车的信袋里只剩下一封信还没有送出去时,便想道:"送完这最后一封信,我就立刻去递交辞呈。"可是，由于这封信被雨水打湿了，地址模糊不清，清水花费了很长时间，还是没有找到收信人的住处。

这将是清水龟之助邮差生涯送出的最后一封信，他发誓，无论如何也要把这封信送到收信人手中。他耐心地穿越大街小巷，东打听西询问，好不容易才在黄昏时把信送到了收信人手中。原来这是一封录取通知书，被录取的年轻人已经焦急地等了好几天。拿到通知书的那一刻，他激动地和父母亲拥抱在了一起。看到这动人的一幕，清水龟之助感受到了邮差这份工作的意义所在。

从这以后，清水更多地体会到了工作的意义，深深地领悟了职业的价值和尊严，不再觉得乏味与厌倦，一干就是25年。在30岁到55岁当邮差的日子里，清水龟之助创下了25年全勤的空前纪录，并获得了日本"终生成就奖"。就是在这个平凡岗位上，他得到了人们的普遍尊重。

工作也是一种幸福，这种幸福不是来源于工作能给我们带来多少财富，而是来自工作本身。

珍惜自己的工作，敬重从事的职业，才能受到社会的尊重，才能被企业所重视，才能在职业生涯中成长。把工作当作一种修行，在投入身心工作时，也能在平凡的职业中体会到不平庸的人生，感受到幸福。

碎片时间做碎片化的事情

困境的摆脱需要能力和知识，而能力和知识的获得则需要时间的积累。为了让自己在激烈的竞争中立于不败之地，人们都在花时间学习和努力。如何有效利用时间呢？一个重要的方法就是，在碎片化的时间里做碎片化的事。比如，可以将邮寄快递放在午饭后，可以将打印文件放在下班前的十分钟……花费大量的时间来做碎片化的小事，只能得不偿失，做事效率也会大大降低。

瑞士，当婴儿降生后，医院就会立刻通过计算机户籍网络给他（她）编号；同时，医院还会将婴儿的姓名、性别、出生时间、家庭住址等输入户籍卡。由于瑞士的户籍卡格式是统一的，因此即使是刚出生的婴儿，也跟成年人一样，有个"财产状况"栏目。

有一位南美黑客，非常羡慕瑞士的社会福利待遇，想把自己刚出生的婴儿注册为瑞士籍。于是，他通过国际互联网侵入到瑞士的户籍网络，并按照户籍卡的要求逐一填写了有关表格。在填写"财产状况"这一栏时，他随便敲入了3.6万瑞士法郎，并沾沾自喜，暗自庆幸自己从此有了一个"瑞士儿子"。

没想到，不到三天，黑客就露了马脚。一位家庭主妇在为自己的孩子注册户口时，发现前一位婴儿的"财产状况"栏目中填写了3.6万瑞士法郎。她觉得十分奇怪，因为几乎所有的瑞士人在为自己的初生婴儿填写这一栏目时，写的都是"时间"。因为他们觉得，对于一个孩子，尤其是一个刚出生的婴儿，拥有的财富只有时间，不会是其他什么东西。南美黑客没想到自己会在这个细节上露出马脚。

其实，与其说南美黑客是败露在填写的随意上，倒不如讲他是失败在价值观念上。瑞士人对财富的看法，确实有独到之处。一个人来到世间，最大的财富是什么？说到底就是他的生命，而生命又是以时间来计算的。

巴尔扎克说："从个人角度看，一个人拥有的最大财富就是自己的时间。"所以，对于每个人来说，都要珍惜自己的财富——时间，并有效地驾驭它，使之在最短的时间内发挥最大的效率。

时间是最宝贵的财富，没有时间，设定的计划再好，设定的目标再高，个人能力再强，也是空的。时间是如此宝贵，又最有伸缩性——它可以一瞬即逝，也可以发挥出最大的效力。成功者一般都善于利用他的时间，谁也无法获得比别人更多的时间，唯一的办法是计划并充分利用好自己的时间。

古今中外，许多名人都非常重视余暇时间的价值。即使在今天，也有许多借鉴之处。宋朝大学者欧阳修平日公务繁忙，谈起读书和写文章，他曾介绍说："钱思公喜好读书。坐则读经史，卧则读小说，上厕所读小辞。宋公垂在史院时，每次去厕所都必带书。我平生所做的文章，也多在'三上'，乃立刻、枕上、厕上也。"著名美国作家杰克·伦敦的房间，有一种独一无二的装饰品，那就是床头上、窗帘上、衣架上、柜橱上、镜子上、墙上……都贴满了各种各样的小纸条。

杰克·伦敦非常喜欢这些纸条，几乎和它们形影不离。这些小纸条上写满了各种文字：有美妙的词汇，有生动的比喻……杰克·伦敦不愿意让时间白白地从眼皮底下溜走，睡觉前，他会默念着贴在床头的小纸条；第二天早晨一觉醒来，他会一边穿衣一边读着墙上的小纸条；刮脸时，镜子上的小纸条为他提供了方便；在踱步、休息时，他可以到处找到启动创作灵感的语汇和资料。不仅在家里是这样，外出时杰克·伦敦也不会轻易放过闲暇的一分一秒。出门时他会将小纸条装在衣袋里，随时都可以掏出来看一看，想一想。

现代人的生活节奏越来越快，许多人常感到时间紧张，根本没有时间干重要的事。而鲁迅先生曾说过："时间就像海绵里的水，只要愿挤，总还是有的。"利用碎片化时间工作，就能利用可能会被浪费的小块时间来处理工作上的事情。举个简单的例子，如果你在等电梯时用手机回复了一封工作邮件，就可以理解为利用了碎片化时间工作。

李可是一家公司的业务经理，每年负责的业务多达数百件。为了工作的需求，她几乎每个月都要出差。因此，很多时间都是在飞机或火车上度过的。为了有效地利用这部分时间，李可养成了一个非常好的习惯，那就是在车上或者飞机上看客户资料，甚至还会在车上给客户发邮件。

有一次，在出差的飞机上，李可如以往一般，开始整理客户资料。这时，身边的一位旅客跟她攀谈起来："从上飞机到现在已经两个小时，我看见你一直在写邮件，你一定是个深受老板重视的好员工。"李可笑着说："我是公司的业务经理，但这是我养成的习惯，我不想自己的时间被白白浪费掉。"

每个成功者都是合理利用时间的人，他们不仅能合理地安排、规划每一分钟，还能对其进行有效的利用。在当今职场中，只有这样的人才能提高工作效率，才能得到重用，从而取得事业上的成功。

只有学会说"不",才能得到时间自由

时间,对每个人都是公平的,既不会多,也不会少。你将自己的时间花费在别人的事情上,用来做自己事情的时间就会减少。记住:在有限的时间里,要先完成自己的事,忙不开的,要懂得拒绝;让他人的事情占用掉自己的时间,只会让你陷入被动。要想获得时间的自由,就要敢于拒绝别人。

在1995年的春晚上,著名小品演员郭冬临出演了一部小品《有事您说话》。

小品中,郭子是厂里的一名普通职工,他乐于助人,有求必应,只要有人让他帮忙,他就会答应。即使是自己办不了的,但碍于面子和情分,他也不好意思拒绝,最后勉为其难答应下来。

有一次,为了给科长留下一个好印象,他对其谎称自己认识铁路上的人,之后连夜顶着寒风去火车站排队买票,排到最后竟然没票了,不得已花高价买了黄牛票。拿到票的科长喜笑颜开,连夸小郭有本事。后来,大家纷纷求他帮买车票,他又继续"打肿脸充胖子"……背后的辛酸可想而知。

郭子之所以要这样做,就是因为不好意思拒绝别人,害怕伤害同事的

感情或得罪顶头上司，但最后却赔上了自己的休息时间。虽然他只是剧情中的虚构人物，但生活中的原型却到处都是。这个小品之所以在当年红遍大江南北，就是因为在人群中获得了共鸣。

从懂事起，父母、老师就教导我们要忍让，要遇事不争。于是，这个社会上，越来越多的人开始逆来顺受，委曲求全。面对亲人、朋友、同学提出的一些要求，虽然从心底不愿去做，但又碍于面子，不好意思拒绝，只好委屈地应承下来。

在人生中，不懂拒绝的人，总会处于忙碌状态，但一生却没有任何作为。在他的忙碌中，有很大一部分都是在替别人忙碌。面对别人的要求，不懂得拒绝，只能将自己置于无休止的忙碌中，如此一来，必然会影响到自己的事业。所以，成功的人都是善于说"不"的人。只有懂得拒绝，自己才能从无休止的忙碌中解放出来，才能得到时间的自由，做自己的事。

李曦是个性格温柔的女孩，同事们都喜欢跟她相处。虽然她长得并不是很漂亮，但是经过她办公桌时，同事都喜欢有意无意地和她聊上两句。因此，无论走到哪里，她的身边总有几个好朋友在一起说笑不停。起初，李曦以为这是大家对自己印象好才会这样，可是后来随着这种情况的延续，李曦越来越发现其对工作的危害性了。

李曦的性格，在朋友的概念上属于"绝对称职"的。可是，在工作上，她的性格却害得她经常完不成工作任务，最后总是会遭到主管的痛批。最初，和同事们聊天，也仅限于吃饭和上厕所的时间，或者是不经意地在走廊碰面之后打声招呼。后来，随着交往的深入，聊天时间就变得很不固定了。即使是在上班时间，大家一有闲暇就会讨论下班之后去什么地方逛街。有时候老板会突然出现，李曦只得措手不及地装作什么事情都没有发生。有时，李曦明明知道自己工作很忙，但是同事们总是生拉硬拽地把她扯进聊天话题中。

每到月底总结时，李曦总会发现自己的工作没有按要求达到任务量，即使达到了任务量，质量也不敢保证。而且她还发现，很多时候自己一旦陷进了聊天之中，就会出现不由自主的现象。一上午的时间往往很快就会过去，李曦一边感叹着又荒废了一上午的时间，一边继续和同事说个不停。

直到有一天，经理下了一纸生死令。如果李曦再完不成任务量，就只有一条后路可寻——卷铺盖走人！

其实，李曦完全明白自己现在的处境。只要一看到桌子上厚厚的办公文件时，李曦就知道自己必须要好好工作了。可是，即使她给好姐妹们一些明显的暗示，她们依旧会"毫不留情"地把自己加入到讨论范围内。李曦不好意思直接拒绝对方，只得在心里盘算着该怎么样处理繁重的工作，在口头上还得耐着性子和对方聊着天。因此，她常常陷进十分无奈的状态中。

拒绝是一种勇气，更是一种胆量和智慧。没有拒绝的能力，也就没有了自我、没有了刚性。想让自己活得光明磊落，想让自己活出鲜明的色彩，不想同流合污，就必须学会拒绝，建立属于自己的世界，走适合自己的人生之路。

分清主次，重要的事情要先做

无论从事什么工作，都不可避免地会遇到一些棘手的问题，只要分清轻重缓急，就一定能将工作顺利完成，从而赢得老板的青睐，实现事业上的辉煌。德国诗人歌德曾经说过："重要之事绝对不可受芝麻绿豆小事的牵绊。"不管做任何事情，都要排除次要事务的牵绊，集中精力于紧急要务，不断地被次要事物牵绊，就会阻碍前进的步伐。

查理斯·舒瓦普是美国伯利恒钢铁公司的总裁，曾经因为自己和公司的效率低下而十分苦恼。为了改变公司和自己的状况，舒瓦普就向效率专家艾维·利请教："如何更好地执行计划？"

面对舒瓦普的询问，艾维·利说道："我可以在10分钟内给你一样东西，而这样东西则可以把你公司的效率提高50%。"说着，艾维·利递给他一张白纸，"请把明天要做的最重要的工作写在上面，并按照重要程度编上顺序，最重要的排在第一位，依次类推。"

没过10分钟，舒瓦普就已经将要做的重要事情排完了，然后又问："然后呢？怎么做？"

艾维·利说："把这张纸条放进口袋里，明天早上第一件事就是把纸条拿出来，做第一项最重要的事情，不用管其他事情，只做第一项。等到第一项工作做完，用同样的方法做下面的事情……直到下班为止。"

"如果到了下班时，我只做了一件事情，怎么办？"舒瓦普问。

"没事，因为你已经将最重要的事情做完了。"艾维·利回答，"以后的每一天都要这样做。虽然你刚才只用了10分钟，但是会给你带来意想不到的效果。当你对这套方法深信不疑时，可以让公司的人也这样做。这套方法你愿意试多久就多久，然后给我寄张支票，并填上你认为适合的数字。"

一个月后，艾维·利收到了舒瓦普寄给他的一张2.5万美元的支票，里面还有一封信。舒瓦普在信上说：那短短的十分钟是他一生中最有价值的一课。

五年之后，舒瓦普的小钢铁厂一跃成为世界上最大的独立钢铁厂。而舒瓦普和所有的人都认为，他之所以会有这样的成就，艾维·利功不可没。

在摆脱困境的的过程中，无论是身居要职，还是最下阶层的普通员工，每个人都要养成"分清轻重缓急，做要事不做急事"的好习惯。在工作中，无论面临什么样的问题，都要从全局的角度来进行规划，将事情分出轻重缓急，将大目标分成若干个小目标，并坚持"要事第一"的原则。

在谈到时间管理的技巧时，人们一般都会把事情分为紧急、重要、非紧急、非重要几类，那么这些事情的先后顺序是怎样的呢？到底该先做哪些事情呢？首先要做的当然是紧急又重要的事情，通常都是一些迫不及待要解决的问题。但如果二十几岁的你整天都在处理紧急且重要的事情，说明你的时间管理还不够完善，急需改进。

每个人在一天所做的事情中，至少有80%的事情都不重要。那么，什么事是必须做的呢？这是时间管理的第一个关键问题。时间管理的错误做法基本上都可以归结为，把时间花在了那些不是必须做的事情之上。正确的做法则是找出最重要的一件事，然后去做。也就是说"重要的事先做"。

在一份《哈佛商业评论》上，德香克指出："我还没有碰到过哪位经理人可以同时处理两个以上的任务，并且仍然保持高效。许多时候，迫于压力，我们常常把紧急的事情放在第一位，虽然我们知道那些'重要但不紧急'的事有着更深远的影响。刚开始，我们仍然知道重视事情的重要程度，先做那些'紧急且重要的'，但慢慢地，习惯了这种紧急状态之后，我们常不由自主地喜欢上'到处救火'的感觉，转而去做那些'紧急但不重要的事'了。"

真正的高效能者都明白轻重缓急的道理，他们在处理一年或一个月、一天的事情之前，总会按分清主次的办法来安排自己的时间。

抓紧时间，今天的事情今天做

今天的事情今天做，是提高做事效率的一个原则。每天都会有不同的事情和任务等着我们，将今天的事情推到第二天或第三天，只能将后面的时间占满；一时的松懈或对时间的浪费，只能造成后面事情的堆积或繁冗。成功者都会合理利用时间，保证今天的事情今天做。

稻盛和夫经常对员工说，必须"极其认真"地过好每一天；生命只有一次，千万不能浪费，要真挚、认真地活好每一天。通过看似朴素的生活，即使是普通人，也能变成非凡的人。

在工作的第一家公司里，稻盛和夫反复进行着有成功也有失败的实验。当时在无机化学研究的同龄人中，有人赴美留学，拿着丰厚的奖学金；有人在知名大企业，用最领先的设备进行最尖端的实验。稻盛却在一个濒临倒闭的企业里，日复一日地用简陋的设备做着混合原料粉末的工作。

他不时会冒出这样的想法：一直做如此单调的工作，又能搞出什么科研成果来呢？自己的人生将来又会是怎样一番情形呢？

也许一般人解决问题的方法是和自己说：要有远见，向未来看吧。也就是说，不要将自己的目光停留在当前，要从长远的角度展开自己的人生蓝图，而眼前的工作只是这长期规划中的一个环节。可是，稻盛和夫却有着相反的看法。他不再痴迷于不着边际的远景，只是关注眼下的事情，摆正自己对工作的态度。他给自己定下规矩：今日事今日毕——今天的目标今天一定要完成。工作的成果和进展以一天为单位来区分，然后切实完成。

在我们身边，很多人都会把今天的事情留给明天，因为他们总觉得自己明天的时间会比较充裕。殊不知，明日复明日，明日何其多，应该记住：明天是永远不会来临的，最重要的就是现在，把一切可以做的工作放在现在，把一切应该做的工作放在现在。行动也许不会结出快乐的果实，但是没有行动，所有的果实都无法收获。

今天的事情今天做，习惯将事情推到明天再干的人，永远没有明天。向往明天，等待明天，放弃今天，也就失去了明天，只能一事无成。拖延，不仅是阻碍进步的恶习，还能加深生活的压力。对某些人而言，拖延是一种心病，它使人生充满了挫折、不满与失落感。

华人首富李嘉诚，出生于1928年，当记者问他的退休计划时，他说："我已经做好了退休准备，但现在还没有这个计划，我每天都乐于为股东或基金付出时间和精力，数十年如一日，我可能是公司请病假最少的人之一。"

古人云：一勤天下无难事。"勤奋"是从古至今几乎所有的成功者都在践行的真理，可是更多的人则把成功寄托于"勤奋"之外的偶然性。对于此，李嘉诚认为："勤奋是个人成功的要素，所谓一分耕耘，一分收获，一个人所获得的报酬和成果，与他所付出的努力有极大的关系。运气只是一个小因素，个人的努力才是创造事业的最基本条件。"

在李嘉诚看来：今日事今日毕，拖延是恶习！在他的自传中，这样写道：

我有晚上在办公室加班的习惯，因为白天应酬太多。有个员工也跟我一样，晚上经常出现在公司办公室里。我就跟他说："不要太晚，注意休息。"他说："今天还有工作没完成，做完就休息。"一天晚上，我发现他走了，可过了一会儿又回来了，我问他，他说在路上突然想起电脑系统的一个数据弄错了，所以立刻回来，改了再回家。他的这种敬业精神深深打动了我，后来公司成立新部门，我让他做了部门经理。因为工作交给他，不会耽误在他手里，我放心。他现在已经是公司的副总。

李嘉诚的办公室陈设非常简单，桌面上干净得一张纸都没有，因为多年来他一直坚持"今日事，今日毕"。

这就是李嘉诚，他就是这样一个不拖延的人。李嘉诚的世界里没有拖延，在他看来，每个向往未来的人都要做到"今日事，今日毕"。不论是谁，管理者也好，员工也罢，只要养成了拖延的恶习，他的进取心一定会逐渐减少，最终丧失。

管理企业时，李嘉诚最注重的就是时效性，一个管理者是没有能力去承担拖延带来的损失的。唯一的办法就是，从现在开始，今日事，今日毕。凡是能及时完成的工作他必然很快就付出努力。对于他来说，拖延浪费的不仅仅是时间，还有财富和荣誉。

今日事，今日毕，不仅可以加快办事速度，还能享受到完成任务的喜悦。精力往往在成功之中更新，在拖延之中衰竭。一个人要提高时间的利用率，必须缩小时间计算的单位，用分计算时间的人，比用小时计算时间的人，效率要高得多。做每项工作，都要给自己一个截止时间，何时起，何时毕，能用半个小时完成绝不拖到一个小时。

时间管理最重要的守则就是珍惜今天，当日的事情当日做完。把今天当作生命中的最后一天，那么今天的事情就要全力以赴地做完。如果没有做完怎么办呢？不要下班，不要拖延到明天。每一天都要这样告诉自己，同时也要这样认真地去做。要快速做完，快速选择，哪些事情不做，就要明确地表达自己不做；哪些事情一定要做，就明确地表达自己要全力以赴去做。

成大事者必早起，懒惰者必输

想象一下：每天早上六点起床的人，和每天早上懒着不起床的人，哪个更容易奋起？相信，多数人都会选择前者。是的！一个人起床时间的早晚，也能代表个人成就的大小。原因何在？早起几个小时就能提前进入工作状态，就能提前将问题解决掉，就能做更多的事情……所有的这些就是因为这早起的几个小时。切记：懒惰者，无以成！

美国华尔街有个神奇的标杆"4定律"，即"赚钱多少"与睡眠时间多少有关。每天睡4小时的人，年薪基本是400万以上，多睡1小时薪水就要除以4，而每月挣五六千的，每天一般都要睡7小时。由此可见，"勤奋"是成功者必备的品质。

其实,"勤奋"的定义还不够精确,大部分企业家更推崇"早起"的习惯。这属于一种叫作"晨型人"的管理新概念,说的是"你的未来,决战于早晨",起得早是中国企业家的共同特点之一。比如,首富王健林凌晨4点起床锻炼,百度CEO李彦宏每天5点多就"被机会叫醒",联想创始人柳传志也是这个时段起床。

企业家也爱熬夜,比如,许家印早年创业时,凌晨三四点才回家睡觉;腾讯员工经常会在一大早收到马化腾的邮件,发件时间大多是昨晚十一二点;俞敏洪几十年不换发型,保持6~9毫米的超短发,只为节省时间——只需一分钟就能洗好头。

早起晚睡,分秒必争,比你有钱还比你拼命,企业家的作息成为鸡汤文的最好题材。王健林的日程表里,从凌晨4点到晚上7点多,他飞了两个国家三个城市,签了500亿元的合同。但这十多个小时里,他真正露面的时间只有35分钟:15分钟会见地方政府领导,20分钟出席签约仪式。其他时间都在路上。

苹果创始人史蒂夫·乔布斯每天早晨4点起床;苹果CEO库克每天早晨4点半起床,开始处理公司邮件,5点到达体育场锻炼;迪士尼首席执行官鲍勃·伊格尔每天早晨4点半起床,开始看报、锻炼、查邮件;通用电气首席执行官杰夫·伊梅尔特每天早上5点半起床,进行有氧锻炼并观看CNBC节目;Square首席执行官杰克·多西每天早晨5点半起床,慢跑6英里……

每天四五点起床?对于大多数普通人而言,并不是一件容易的事。一般而言,工薪族9点上班,起床时间约为7~8点,4~5点仍处于沉睡期。就在别人甜梦正酣时,大部分企业高管却已经开始享受早起床带来的一系列好处,比如,避免上班后邮件电话汹涌而来的干扰,更专注于思考问题,提高工作效率;能够更早地了解到当天发生的大事,做出及时应对……将时间管理发挥到极致。

在华人企业家中,践行"晨型人"生活标准的代表有华人首富李嘉诚。创业超过60年,至今已年逾80的李"超人"在记者会上表示,每天早上4时多就起来打一个半小时的高尔夫球,然后上班,出席晚间宴会,从来没打过"呵欠"。在他看来,晨起后的高尔夫练习,能够锻炼人的冷静思维和沉着观念。

京东的刘强东创业以来,一直推行早会制度。公司每天早上8点半准时开会,所有部门经理以上员工必须参加,除非有其他约谈或出差在外,否则刘强东都会准时出现在会议室,风雨无阻。

以下是一些早起的好处:

早上没那么多事让你分心,可以使你更专注。

在早上有更多的精神去完成有难度的事情。

即使不是习惯早起的人,早上的意志力也大于一天中其他时间。一天中的繁重任务、和麻烦的人打交道、做决定、赶地铁和堵车都会耗尽人的意志力。

早晨给你机会去奠定这一天积极的基调,可以选择给自己一天的好心情。

如果早上睡过了头或忘记为孩子准备早餐,以失败的早晨开始会让一整天的心情都很差,甚至影响工作效率。

如果在黎明就要起床的想法让你打退堂鼓,可以按照以下四点建议养成早起的好习惯。

1. 记录日程

人们最不喜欢早起的原因是因为晚睡,事实证明,许多自称是夜猫子的人发现,晚上的时间并不是高效的,甚至也没有被充分利用起来做真正享受的事情。

2. 计划一个完美的早晨

想象一下如果你每天有额外一小时会用来做什么。锻炼身体？认真阅读报纸而不是只草草扫一遍标题？早起不是对自己的惩罚，如果没有足够的理由，是不会舍得离开温暖的被窝的。

3. 拥有合理计划

一旦确定多出的一小时要做什么，就开始计划如何执行，并在前一晚做好准备。比如，想早起锻炼，前一晚就可以准备好运动装备，或准备好早餐的食材。

4. 慢慢建立习惯

如果习惯改变的过于激烈一时无法适应，很可能造成按掉闹钟接着睡的结果。所以，与其直接把闹钟设成 5 点，不如每天的闹钟都比前一天早十分钟，并且提前十分钟上床睡觉。

管理好自己的时间，就能得到机会

《有效的管理者》一书的作者，美国著名的管理学者彼得·德鲁克，同时也是一个研究时间利用的专家。他在该书中指出："关于管理者的任务的讨论，一般都从如何做计划说起，这样看来很合乎逻辑。可惜的是管理者的工作计划，很少真正发挥作用。计划常常只是纸上谈兵，常只是良好的意见而已，而很少转为成就。"

"根据我观察，有效的管理者不是从他们的任务开始，而是从掌握时间开始，他们并不以计划为起点，认清他们的时间用在什么地方才是起点……"人才在时间中成长，在时间中前进，在时间中改造客观世界，在时间中谱写自己的历史。时间是成功者胜利的筹码，只有管理好自己的时间，才能抓住机会。

美国田纳西州有一位秘鲁移民杰克，他在自己的居住地拥有6公顷山林。在美国掀起西部淘金热时，他决定变卖家产举家西迁，但他的好朋友法捷夫却不同意这个决定，他试图尽力劝阻，但没有成功。最后，法捷夫就和杰克说："一年后，如果没有金子，你就回来吧，我们一起努力，把这片山林变成金子，不是更好的事吗？"

杰克沉默了片刻，答应说："好，一年后我一定回来。"于是，杰克带着变卖家产的钱西迁，在西部买了90公顷土地进行钻探，希望能在那里找到金沙或铁矿。他不分昼夜辛苦地劳作着，可这样过了一年，却什么也没有找到。这时，约好的时间到了，杰克陷入了两难，是回去，还是继续留下？最终他被黄金的欲望迷惑了，没有遵守自己的诺言，继续留在西部寻找梦想中的黄金。

就这样，一干就是五年，最后还是一无所获，不仅没有找到任何有价值的东西，甚至连家底也折腾光了，到了山穷水尽的地步，他不得不重返田纳西州。当他回到故地时，发现山林不见了，那儿到处机器轰鸣，工棚林立。原来，被他卖掉的那片山林就是一座金矿，主人正在挖山淘金。杰克听了一下子瘫倒在地。

现实是残酷的！岁月是无情的！杰克失去了一笔巨大的财富，但这一切又怨谁呢？原因就是杰克没有遵守诺言，没有控制好时间。

原来，杰克走后，他的朋友法捷夫就开始拼命地挣钱，准备一年后等杰克回来，再把那片山林买回来，可是万万没有想到他的辛勤劳作换来的是一场空，杰克一走就杳无音讯，别说一年不见人影，就是五年后都没有任何回音。在悲痛之际，法捷夫再也无法相信这个老朋友了，眼看着山林中一天天挖出的金子，法捷夫心灰意冷，只好卷起行李远走他乡，去寻找自己的梦想。

杰克的不守时，给自己造成了无法估计的损失。眼看着自己的那片山林变成了一座金矿，他只能后悔莫及，悲痛欲绝，如今这座金矿仍在开采，它就是美国有名的门罗金矿。

杰克丢掉的不仅是一座金矿，最重要的是失去了朋友间最起码的信任，这是用金钱都买不回来的东西。因此，一个人一旦丢掉信任这种属于自己的东西，就有可能失去一座"金矿"——他人的信赖。

在这个世界上，每个人都拥有独特的天赋，每个人都有自己的做人准则，这种天赋、这种准则就像金矿一样，埋藏在我们平淡无奇的生命中，一个人是否能有幸挖到这些"金矿"，关键在于能不能把握好自己的命运，能不能尊重别人的情意，更重要的是能否控制好时间，去经营自己的人生。

在控制自己的约定时间时，也是在尊重别人的时间，只有真正做到守时、守信，才能起到有效控制时间的作用，只要有一方不守信誉，就会导致前功尽弃、无法挽回的局面出现。可见，任何时候，任何人，要想抓住机会实现成功，唯一的方法就是抓住时间、合理地管理时间，才能不让成功的机会偷偷溜走。

每一个成功者往往都具有这样一个好习惯：善用时间。

在实际生活和工作中，不管我们多么讲求效率，总会有事情让我们等待：可能错过公车、地铁、飞机，碰上出其不意的中途休息；也许已经尽可能小心地计划了每一件事，但我们还是可能会意外地被困在车站、机场，平白无故的多了三个小时的等待时间。成功者在这些情况下所做的事是：看看书，写点东西，修改一下报告。他们可以在这样的时间里做很多工作。这种习惯不但挖掘出了隐藏的可利用的时间，而且也向高标准生存境界迈进了一步。

其实，生活中有很多零散的时间是可利用的，如果我们能积零为整，那我们的学习和生活将会更加轻松。

诺贝尔奖获得者雷曼说："每天都不浪费或不虚度或不空抛剩余的那一点时间，即使只有五六分钟，如果利用起来，也一样可以有很大的成就。"把时间积零为整，精心使用，这正是古今中外很多成功者取得辉煌成就的奥妙之一，也是我们应该从他们身上学到的优点之一。

比如，我们每天清晨漫步校园或骑车上学、上班的路上，都可看到许多边跑步边听外语广播的年轻人，可以说他们懂得了充分利用时间的奥秘。许多人认为，看原版电影，既可学习外语，又是较好的娱乐方式，这确实是"一心二用"的例子。会"一心二用"的人等于比别人有多一倍的生命和机会。

第七章

王者无敌

耐心，也是奋发向上的一大关键

无论做什么都要有耐心！耐心需要意志和涵养，由于各人的修养不同，性格差异，所以有的人办事容易心急，等不得，稍有迟缓，就恼火，如此，既无法将事情做好，还会伤害自己的身体。

有人曾说过：成功者与失败者的区别，往往不是机遇或更聪明的头脑，只在于成功者多坚持了一刻，有时是一年，有时是一天，有时仅仅只是一遍鸡叫。

历史上，多尔衮为了和皇太极长子豪格一争高低，夺回父皇给他的皇位，开始养精蓄锐，从书中、实战中耐心地汲取养料，在一次次磨炼中，立下了自己的伟大报负，最终成为清王朝的实际缔造者。

越王勾践被俘后，到吴国被当作仆人一般呼来唤去。可是，十年卧薪尝胆的耐心给了他永不服输的坚定信念，最终打败吴国，结束了自己的屈辱生活。

生活需要耐心，耐心会赋予我们超出凡俗的雄心壮志，会给我们永不服输的坚定信念。法国诗人拉·封丹说过这样一句话："耐心和持久胜过激烈和狂热。"耐心，是人们对事物的认识过程中所表现出来的个性心理特征，是性格中的一种潜在力量，也是信心的持久和延续，是决心和毅力的外在表现。"心急吃不了热豆腐"，正说明耐心是成功的关键因素之一。

一位男子立志在 40 岁时成为亿万富翁，在 35 岁时他发现这样的愿望靠现在的薪水根本不可能达到，于是放弃工作开始创业，希望能一夜致富。等他到了 40 岁时，五年间他开过旅行社、咖啡店，还有花店，可惜每次创业都失败，结果让家庭处于绝境中。心力交瘁的太太无力说服他重回职场，在无计可施的绝望下，跑去寻求高僧的协助。高僧了解状况后，说："如果你先生愿意，就请他来一趟吧！"

男子拗不过妻子，只好到来。可是，虽然来了，但从他的眼神中看得出来，这一趟只是为了敷衍太太而来。高僧不发一语，带他到僧庙的庭院中。庭院约有一个篮球场大，庭中尽是茂密的百年老树，高僧从屋檐下拿起一支扫把，跟男子说："你只要将庭院的落叶扫干净，我就将赚到亿万财富、成功的方法告诉你。"

虽然不信，但看到高僧如此严肃，加上亿万的诱惑，男子就接过扫把开始扫地。过了一个钟头，好不容易从庭院一端扫到另一端，总算扫完了，便拿起畚箕，转身回头准备畚起刚扫成一堆堆的落叶，结果看到刚扫过的地上又掉了满地的树叶。

懊恼的他只好加快扫地的速度，希望能赶上树叶掉落的速度。但经过一天的尝试，地上的落叶跟刚来时一样多。男子怒气冲冲地扔掉扫把，跑去找高僧，想问高僧为何这样开他的玩笑？

高僧指着地上的树叶说："欲望像地上扫不尽的落叶，层层盖住了你的耐心。耐心是财富的声音，成功的前提。你心上有一亿的欲望，身上却只有一天的耐心；就像这秋天的落叶，一定要等到冬天叶子都掉光后，才能扫得干净，可是你却希望在一天内就扫完。"说完，就请夫妻俩回去。

临走时，高僧对男子说，为了回报他今天扫地的辛苦，在他们回家的路上会经过一个谷仓，里面会有 100 包用麻布袋装的稻米，每包稻米都有 100 斤重。把这些稻米搬到谷仓外，就能在稻米堆后看到一扇门，里头有个宝物箱,箱子里都是善男信女们捐赠的金子,数量不多,就当作今天帮他扫地与搬稻米的酬劳。"

这对夫妻走了一段路后,果真看到一间谷仓,里面整整齐齐堆了约二层楼高的稻米,完全如同高僧的描述。看在金子的分上,男子开始一包包地把这些稻米搬到仓外。快搬完时,男子看到后面真的有一扇门,便兴奋地推开门,看到一个藏宝箱,箱子并没有锁,他轻易地打开宝物箱。

男子眼睛一亮,宝箱内有一包麻布袋。他拿起麻布袋并解开绳子,伸手抓出一把东西,可是抓在手上的不是黄金,而是一把黑色小种籽。他想,也许它们是用来保护黄金的东西,便将袋子内的东西全倒在地上。但令他失望的是,地上没有金块,只有一堆黑色籽籽及一张纸条。男子捡起纸条,上面写着:这里没有黄金。

男子失望地把手中的麻布袋重重地摔在墙上,愤怒地转身打开那扇门准备离开,却见高僧站在门外双手握着一把种籽,轻声说:"你刚才所搬的百袋稻米,都是由这一袋种籽费时四个月长出来的。你的耐心还不如一粒稻米的种籽,怎么听得到财富的声音?怎能成功?"

是啊!连稻谷的成长都需要时间,都需要耐心等待,更何况是财富的巨额积累和成功?"欲速则不达"这句话告诉我们,一味地追求快、追求速度,只会让事情的结果适得其反。如果说急躁是绊脚石,是一望无尽的深渊,那么耐心就是灯塔和指南针,可以为你在生活中提供源源不断的前进动力,带你到达成功的彼岸。

内圣外王：做自己就是成功

逆袭的成功，关键因素之一就是做自己！忽视了自己而兼顾他人或他事，只能迷失掉自我。

从少年起，曾国藩就"困知勉行，立志自拔于流俗"。为了监督自己，每天他都要写反省日记。他在学习上对自己严格要求，出现了错误，就会进行深刻反省并改正；他可以控制自己的情绪，不会将自己的情绪外露在表面。一句话，修身养性，内圣外王，不断超越自我，就是曾国藩成功的秘诀。

曾国藩认为："君子之立志也，有民胞物与之量，有内圣外王之业，而后不忝于父母之所生，不愧为天地之完人。"也就是说，要志当存远。曾国藩有着崇高的志向，就是要匡时救世，达济天下。当时，很多读书人都想做官，升官发财，可是，曾国藩却是一个例外。他做京官时，年龄才30岁，便发誓不发财。结果，几十年勤俭质朴，没有逾越一寸一分，他虽做到了总督，但每天的饭食依然是一个荤菜，只有在家里有客人时，才会增加一些，被人们称之为"一品宰相"。

曾国藩的布袍鞋袜，都由夫人亲自缝制。他30岁时，曾做过一件缎马褂，只有在新年及庆贺时才会穿，珍藏了30多年，没有做过其他的。他曾说："古语言衣不如新，人不如故。以吾观之，衣亦不如故也。"

怎样才能树立一种"民胞物与""内圣外王"的君子之志？曾国藩认为，要增加自己的学识和见识，做自己。

道光二十二年（1842年），曾国藩的六弟在一次考试中受到挫折，就抱怨说自己命不好，满腹牢骚。曾国藩知道了这件事后，看到他的志向小，就觉得很可笑，觉得六弟担忧的事情不值一提，便劝他道："人生境界各有不同，何必以科名为胜败定评！"六弟收到信后，明白过来，重新振作了精神，另辟人生蹊径。

同样，在这个飞速发展的时代，如何面对自己的平凡人生？如何才能在逆境中重新崛起？对一个国家来说，根基就是文化；对于一个人来讲，根基就是他的精神。中国五千年的文化精髓告诉我们：要想成为一个真正的人、一个君子，就要"内圣外王"，加强自我修养。

关于自我修养，"新东方"总裁俞敏洪说："人这一辈子遇到困难、挫折和失败不怕，重要的是要拥有好心态。世界上一共有两种人：一种人遇到困难和失败后就害怕，会绝望地倒下去，这种人一辈子都会以失败者的形象出现；另一种人，遇到困难和挫折后，会用勇敢的心和坚忍不拔的意志去对待它，这样的人在未来容易做成事情。所以，我觉得无论你是否愿意往前走，生活总会遇到困境，但结果却是不一样的。如果不往前走，生活永远是这样；继续往前走，就会翻越过去。"

的确如此！从古至今，能够成就大事的人，都有着过人的才学，有着坚忍不拔的志向。在从无到有走向成功的过程中，每个成功者都要与坚忍为伴。资料表明，卓越的成功者，几乎每个人都是心理模拟大师，能够不断提高自我修养。即使有时没有参与工作，但在不停的练习中却更加坚定了自己对待艰苦工作的意志。

自我修养，是一个人提高自己的素质和能力，在各方面进行的自我教育和自我塑造，是实现自我完善的必由之路。只有提高修养，才能成才。我们要加强自我修养，练就一双洞彻世事的慧眼和一颗聪明冷静的头脑，不被"浮云"遮住眼，争取将事业做大做强；自我修养不高，即使具备其他一切成功者的素质条件，也是毫无价值的。

成功者从来都不会半途而废，更不能向困难投降，他们只会不断地鼓励自己、鞭策自己，并反复地去实践，直到成功。一定要记住：即使你有自我促进的愿望，即使自己处于最佳状态，即使你设想登上南极，没有百折不挠的修炼，也无法实现自己设定的目标。

真正的王者都能自我超越

整天固守于自己的一亩三分地，不仅无法取得理想的成绩，更会让自己在逆境中越陷越深。只有懂得不断超越人，才能成为真正的王者。

日本曾举办过一个趣味竞赛节目，有一次进行大食王比赛，长相平平的三届女冠军用鄙夷的眼神看着竞争伙伴，她觉得他们不认真，总是试图保持实力。最后一关，她的成绩已经领先于所有人，但她依然无视于旁人的存在，按着自己的节奏吃下去。原因何在？她一语道破："我是向自己的极限挑战。"而这也是她成功的秘诀。

很多时候，沮丧就是来自"比较心"：我比别人出身差，我比别人长相差，我比别人运气差，我比……如此比下去，永远比不完。本来自己也知道"比"的心态不好，但依然想要比一比。如果真是这样，完全可以将镜头调向自己，想一想从小到大的自己，想想那些不如你的人，想想自己此时的心情……如此，就能体会一个失败者的心情。

　　左顾右盼别人路上的风光，只能为自己徒增烦恼，只能扰乱自己前进的步伐，会错失很多途中向自己微笑的花朵。只有积极进取，每天都有点进步，不断超越自我，才能取得理想的成绩，才能从逆境中奋发。

　　英国作家约翰·克莱斯，是全世界数一数二的多产作家，一共出过564部小说。如果以一年出10本来算，他写小说的时间多达五六十年。可是，即使出了这么多书，他也不是百战百胜的作家，他曾经被退稿达753次！试问，你能承受住753次的沮丧和打击吗？

　　爱迪生童年时期，老师认为他很愚钝，但他创造出1093项发明，是个货真价实的发明大王。但是，在这些发明出现之前，你知道他失败了多少次？3000次！因此，他才会如此说："成功是99%的汗水加1%的灵感。"

　　美国学者吉思克尔说："成功无法门，但失败一定会有所收获。"每次成功都在失败之后，不懂超越自我的人，如何能超越他人？

　　在美国现代金融界，有位令人叹服的投资大师，他以惊人的才华，仅用了十多年的时间，就把2000万美元变成了百亿美元，创造出了震惊美国乃至世界的"林奇现象"，他就是美国著名的投资大师彼得·林奇。

　　林奇虽然被人们称为金融界的一大奇才，可是他并没有多少令人骄傲的背景和后台，有的只是在艰苦的环境中不断学习、不断奋斗，最终一步步走向成功的顶峰。

　　林奇出生在一个贫困家庭，11岁时为了增加家庭收入，他不得不到一家高尔夫球场做兼职球童。工作期间，林奇经常会从球手们的谈话中听到有关股票的一些知识，很快他就对股票产生了好奇。他决定，长大后就从事股票行业，在这个事业中实现自己的人生价值。

　　后来，林奇考上了波士顿学院。在学校时，除了必修课之外，他还选修了很多学科，例如玄学、认识论、逻辑学、宗教和古希腊哲学等。表面上来看，这些学科似乎和股票没有一点关系，但是林奇却觉得，股票投资是一门艺术，需要提高综合素质。他深信，只有拥有渊博的知识和全面素养，才能更好地驾驭股票投资，才能成为股市大师。

在波士顿学院学习的第二年，林奇便开始尝试做一些股票投资。一个偶然的机会，他读到一篇关于空运发展前景的文章。在文章中，林奇了解到了当时航空公司发展的情况，并得知飞狐公司是最具发展前景的空运公司。于是，他用自己当球童挣来的1250美元，以每股7美元的价格购进了他的第一只股票——飞虎航空公司股票。

果然不出所料，只用了短短的两年时间，空运就受到了人们的青睐。林奇购买的飞狐股票也从原来的7美元涨到33美元，林奇赚了一大笔钱。第一次股票投资，不仅显示了林奇卓越的投资才华，更为林奇读研究生提供了充足的资本。

很快，幸运之神再一次光顾到林奇头上。一年暑假，美国著名的大公司——麦哲伦公司总裁苏利文主动邀请林奇到公司工作。就这样，林奇在麦哲伦公司连工作了8年，林奇通过自己的努力一步一步升任为公司总经理。

林奇之所以会取得如此大的成就，关键在于林奇能坚持不懈地努力学习，不断地超越自我，如果林奇没有主动学习的精神，没有自我完善、超越自我，即使在他面前出现了好机会，他也无法将其把握住。

一个心理学家曾经说过："你一定比你想象的还要好，但是许多人并不这样认为。"许多人之所以能够取得成功，就是因为他们在小小年纪时就怀有大志，就想与众不同，不管遭遇任何磨难，都相信自己是最好的。

人生在世，每个人都有属于自己的独特禀性和天赋，每个人都有自己实现人生价值的切入点，只要按照自己的禀赋发展自己，不断地超越心灵的绊马索，就能抓住生命中的太阳，闪耀出耀眼的光辉。你的坚持有多强，你的自信就有多强，你的路就有多长！每个人都应该永远记住这个真理：只有不断超越自我，才是真正的聪明人。

耐得住寂寞，高处不胜寒

国学大师王国维曾说过：古今成大事业、大学问的人，都必须经历三种境界：一是"昨夜西风凋碧树，独上高楼，望断天涯路"的寂寞、孤独；二是"衣带渐宽终不悔，为伊消得人憔悴"的执着和坚持；三是"众里寻他千百度，蓦然回首，那人却在灯火阑珊处"的辉煌和成功。可见，寂寞，是成功必不可少的条件。

如果说寂寞是成功的根须，那么成功就是寂寞开出的花朵。没有根须，花朵也就成了泡影。所以，一个人要想获得成功，首先就要耐得住寂寞。成功就是耐得住寂寞，受得了挫折！

郭晶晶出生在河北保定一个普通工人家庭，5岁开始练跳水，当时的她并不是跳水天才，反而还有些先天不足。那时候，她很怕水，是学游泳最慢的一个。不过，虽然起步不顺利，但郭晶晶在训练中非常刻苦，不喊累，不怕苦。慢慢地，她的优势就显露了出来：动作协调性好，起跳有力，敢于挑战高难度动作。

12岁时郭晶晶凭借优秀的成绩进了国家队。当时，对大多数队员来说，伏明霞是女子跳水的一座难以企及的高峰。但是，在国家队这个环境中，不竞争，只能被淘汰。郭晶晶认识到这一点，并适应了这种环境。她更加勤奋，更加努力，成绩显著提高。

1996年亚特兰大奥运会，年仅15岁的郭晶晶第一次登上奥运舞台。在此之前的奥运选拔赛上，郭晶晶还战胜过伏明霞。但是，初出茅庐的小丫头和久经国际大赛锤炼的国家队"一姐"相比，郭晶晶只能成为伏明霞的绿叶。比赛中，郭晶晶由于过度紧张，连转体动作都没办法完成。最终，伏明霞夺得了冠军，郭晶晶只得了第五名。伏明霞退役后，郭晶晶凭着自己的艰苦训练，也当上了队里的女一号，成为国家跳水队新"一姐"，先后将世锦赛和世界杯冠军收入囊中，唯独没有奥运会金牌。

1999年伏明霞决定复出，并顺利获得参赛资格。于是，2000年的悉尼奥运会成了中国跳水队两任"一姐"的较量，郭晶晶虽然在预赛、半决赛中都领先一步，但最终功亏一篑。虽然说，拿银牌不算失败。但是，看到自己四年的拼搏就这样付诸东流，郭晶晶彻底被击溃了。

在教练的鼓励下，郭晶晶决定用训练忘记伤痛。从那以后，她更加发奋，几乎每次训练都把自己练得筋疲力竭。付出终有回报，2004年雅典奥运会郭晶晶终于实现了奥运夺冠的梦想。

成功就是强迫自己干下去，一个又一个的四年，郭晶晶都没有止步。在郭晶晶的博客上，有这样一句话："成功就是强迫自己不断干下去，成功的关键只是耐得住寂寞。"

登上顶峰是很多人的理想，可是真正能够站在最高处的人却只能有一个，需要不断地超越他人来实现。但当我们站在顶峰的时候，虽然会享受到众多的荣誉和掌声，可是萦绕自己的更多是寂寞。这也是"高处不胜寒"的真谛。

每个人都是普通人，只不过，有些人有勇气去面对，勇敢地选择自己的路坚决而寂寞地走下去，最终成为众人瞩目的对象。相信自己，勇敢地去选择，勇敢地走下去，忍受住生活中的各种打击和挫折，人生才能少些遗憾！

历经磨难后，方能横空出世

在我们的人生中，苦难是必不可少的财富。学会承受生命中的苦难，就可以用非凡的气度、坚强的毅力、宽阔的胸怀去承受生活中所有的狂风巨浪，承受人生旅途中所有的磨难挫折。

马云，是一个相貌平平、普普通通的人，却经过自己的努力，一步一步成了中国首富。或许，旁人只会羡慕他，但只有他自己知道，在这样的过程中，充满了无尽的挫折和磨难。

从小就挨打。马云小时候显得有些"傻"，经常跟人打架。可是，虽然打了无数次的架，但没有一次是为自己，全是为了朋友，最严重的一次，自己缝了13针。他甚至还挨过处分，被迫转学。

至少有3次求职因外貌被拒。马云长得很普通，在网络上流传着一些马云少年时的照片，甚至有人还调侃他像个"外星人"。因此，在他去应聘酒店服务员、警察时，都被一一拒绝。

靠卖袜子维持翻译社。马云第一次创业是成立了海博翻译社，为了将其运作起来，他背着麻袋去义乌批发袜子，还上门推销，四处发传单做宣传，受尽了他人的白眼。

向人们证明互联网。开展"中国黄页"业务时，国内还没有互联网。

为了说服别人，马云不断对人们讲互联网的神奇。除了打印网页，还请老板打免费越洋电话，向美国的亲戚朋友咨询，让美国朋友帮忙上网查证等。

4次创业连续失败。阿里巴巴团队曾在北京干过项目，最后马云决定回杭州再次创业。在京的最后一晚，众人在小饭店大碗喝酒，抱头痛哭……至此，马云连续4次创业失败。

最少时银行里只有200元。有一次马云去上海见投资商，对方提出一个非常苛刻的条件。虽然当时账上只有200元，但他还是放弃了这笔投资。

因"非典"公司差点崩溃。"非典"爆发时，遭遇大规模隔离，但员工坚持在家工作，连家里老人拿起电话都是："你好，阿里巴巴。"当年5月10日淘宝网上线，马云只能举着酒杯隔空庆祝。

汶川大地震捐款被泼污水。汶川地震时，一篇污蔑马云只捐1元钱的文章引发了网友的愤慨。其实，当时马云在国外，听到消息后，他立刻捐出100万元，之后公司全体员工累计捐款4744.7万元。

淘宝卖家纷纷抗议，亲自出面道歉。为了让淘宝尊重商家的利益，数万名卖家因不满淘宝商城提高技术年费和保证金金额，通过恶意拍货、疯狂点击直通车等方式对商城大卖家进行攻击。阿里巴巴集团在杭州总部召开发布会，马云亲自出面致歉。

马云曾经说过："每次打击，只要扛过来了，就会变得更加坚强。"要想开出绚丽的梅花，首先就要经受"寒彻苦"；要想横空出世，首先就要历经多重磨难。连唐僧取经都需要经历九九八十一难，更何况是作为普通人的我们？要想从逆境中奋发，就要做好经历磨难的准备。

两次复读成绩都不理想，俞敏洪坚持第三次复读，结果考上了北京大学外语系；出国留学经费不足，他顶住压力到培训学校做英语老师；在被北大警告的情况下，果断丢掉别人眼中的"金饭碗"，辞职创业；新东方经费不足，自己又当老板又当打工仔……每一个人生低谷，在常人看来，都可以使人陷入万劫不复的深渊，可是他一次次地扛了过来，终于将新东方打造成了中国第一家在美国上市的培训学校。

曲折的经历正好验证了他提出的著名的"揉面定律"："人刚开始没有任何社会经验，没有任何痛苦，就像一堆面粉，手一拍，就散了。可是，给面加点水，不断揉搓，就可能成为你需要的形状。虽然还是面，却不会轻易折断。不断地被社会中的苦难所搓揉，揉到最后，就会变得越来越有韧性。"

孟子曾经说过："天将降大任于斯人也，必先苦其心志，劳其筋骨，饿其体肤，空乏其身，行拂乱其所为，然后动心忍性，曾益其所不能。"只有磨难，才能使人更强大、更顽强，更加坚不可摧。

乔布斯，是苹果公司的创始人。在内部竞争中，因为某些原因他被自己的公司开除。但是他不放弃，坚持研发创新，在苹果走向低谷时，重新回到公司，带领苹果打了一场反击战，成就了一个伟大的"千亿帝国"。

俗话说，多难兴邦。对于我们来说，亦是如此。只有经得起磨难的考验，不屈服于现实，努力朝梦想前进，最终才能成功。

鲜花刚开放时，人们都会羡艳它的芬芳与美丽，却忽视了它为盛开所付出的努力。每个人的人生路上，会经历各种各样的挫折与磨难，克服它，就能看到彼岸无尽的美好风光。尽管未来路途遥远，衣裳单薄，荆棘遍布，但只要永葆一颗勇往直前的心，就能披荆斩棘，一路畅行。

用忧患意识，鞭策自己不断前进

"生于忧患，死于安乐"告诉我们，要想获得长远发展，就要多一些忧患意识；要想让自己衰落甚至颓废，只要甘于享受一时的安乐即可。同样，要想成为王者，也要具备一定的忧患意识，不能整天都躺在成功的账本上享受。

19世纪末，美国康奈尔大学做过一次有名的实验：

在精心策划安排下，他们把一只青蛙丢进沸水锅里，反应灵敏的青蛙在千钧一发的生死关头，用尽全力，从即将让自己葬身的沸水锅中飞跃而出，跳到地面，安然逃生。半小时后，他们又拿来一个同样大小的铁锅，放满冷水，再一次将那只死里逃生的青蛙放在锅里。青蛙在水里不时地游来游去，实验人员在锅底用炭火慢慢加热。

青蛙对这一切浑然不觉，依然在微温的水中享受着"温暖"，等它发现，锅中的水温已经熬不住必须奋力跳出才能活命时，已经晚了。它全身瘫痪，呆呆地躺在水里，最终葬身在铁锅里。

这就是著名的"温水煮青蛙"实验，其告诉我们：迅速的环境变化能调动起机体的反应机制，缓慢变化的环境是最危险的。只有保持高度的觉察能力，重视造成危机的缓慢形成因素，才能逃脱厄运。

生活中，出人意料的外在刺激或强敌往往能使人奋起，挖掘出意想不到的潜力；而慢慢地腐蚀，却会让人防不胜防，一蹶不振。当生活的重担压得我们喘不过气，挫折、困难堵住了四面八方的出口时，往往能发挥出意想不到的潜能，杀出重围，开辟出一条活路；贪图享乐或志得意满，反倒会在阴沟里翻船，弄得一败涂地，不可收拾！

要想让自己获得发展，要想从困境中勃发，就要具备一定的危机感与忧患意识。一旦意识到自己所处的社会环境是不利的或相对劣势的，就会尽最大努力去提高自己或改造自己所处的环境，实现自己与社会环境的统一和平衡。如果人们对自己所处的环境很满意，则会在相对平衡中失去潜在的积极性与进取心，从而放弃努力。这样，一旦环境发生了这样那样的变化，就会出现对新环境的不适应，如果缺乏应有的适应能力，最终只能被新环境拒绝或淘汰。

在快速发展的现代社会，环境对个人的要求不断提高，社会本身也在不断发展与进步，既没有绝对的平衡，也没有绝对的适应。生存危机总是存在的，每个人都要有一定的危机感和忧患意识。

马云的成功就离不开他的忧患意识，他一刻都没有放松对现实的警惕。在表面张扬的背后，是冷静、谨慎、自省，两者形成了鲜明对比。作为阿里巴巴的掌门人，在很多时候马云都表现出了自己的理智："当你觉得成功时，就是走向失败的开始。"

阿里巴巴由马云在 1999 年创立，是一家完全依赖于互联网发展的企业。在看似辉煌实则艰难的发展过程中，马云经历了太多的起起落落。可是正是这些因素，让马云拥有了比一般人更高的灵敏度，才能让企业在竞争激烈的市场中存活并壮大。

2000 年互联网突然发生转向，马云说："大家还没有明白到底是怎么回事，就已经进入了冬天，而且这个冬天特别的漫长。"之后，马云做出了一个历史性决定——上市。可是，就在人们沉浸在阿里巴巴成功上市的兴奋中时，马云说出了上市的真正理由："为了过冬，为了生存。"在阿里巴巴并购雅虎中国时，马云就意识到危机，他说："我们已经成为全中国所有互联网公司的竞争对手了，我预感到未来两三年内会发生很多难以预料的事，虽然最艰难的日子已经度过，但是以后的日子会有很多困难。"

马云曾说："所有的创业者都必须时刻警告自己：从创业的第一天起，每天要面对的就是无穷无尽的失败和痛苦，而不是成就和辉煌。"还得让自己明白，最困难的时刻还没有到来，但总有一天会出现，这是不能躲避的，更不能让别人替你扛，必须自己去面对。

正是因为这种忧患意识，才成就了马云辉煌灿烂的人生，最终使他守得云开见明月。

创业如此，做人也是如此。社会在不断地进步和发展，如果不想被时代的浪潮给淹没，要争得自己的一片新天地，就必须时刻让自己保持清醒、冷静和理智，敢于否定自己和超越自己。

缺乏忧患意识的人，一般都夜郎自大，很容易迷失人生的方向，最终会被社会所抛弃。心存忧患，不敢有任何差错，人们才会拼尽全力使自己成长。

忧患意识促成功，不可轻视！

勇气，智者逆袭成功的第一步

自古以来，敢与不敢都是衡量一个人成功的重要素质。面对逆境或困难，敢于应对，或许就有解决问题的可能；胆小怯懦，不敢向前，只能让自己一败涂地。一定要记住：勇气是打破困境的第一步。

一天，公司总经理向全体员工宣布了一条纪律："任何人都不能进 8 楼那个没挂门牌的房间。"但是，他没有解释为什么。此后，果然没人违反他的这条"禁令"。三个月后，公司又招聘来一批员工。在全体员工大会上，总经理再次重申了上述"禁令"。这时，新进员工李宏在下面小声嘀咕："为什么？"总经理听到后，并没有因李宏的不礼貌而恼怒，只是满脸严肃地回答："不为什么！"

回到岗位上，李宏百思不得其解，还在思考着总经理为什么要这样做。同事劝他：干好自己的差事，管那么多干什么？可是，李宏有股犟脾气，决定要将事情弄个水落石出。他决定冒总经理之大不韪，去那个房间探个究竟。

这天中午，李宏爬上 8 楼，轻轻地叩了叩那扇门，没有反应。李宏不甘心，轻轻一推，虚掩着的门开了，原来门并没有上锁。房间里没有任何摆设，只有一张桌子。李宏来到桌旁，看到桌子上放着一张纸牌，上面用毛笔写着几个醒目的大字："请把此牌送给总经理。"

李宏拿起那个已落满灰尘的纸牌，走出房间，似有所悟，乘电梯直奔 15 楼总经理办公室。当他把纸牌交到总经理手中时，总经理一脸笑意地宣布了一项让李宏感到震惊的任命："从现在起，你被任命为销售部经理助理。"

在后来的日子里，李宏果然不负厚望，不断开拓进取，把销售部的工作搞得红红火火，并很快被提升为销售部经理。事后许久，总经理才向众人做了如下解释："李宏不为条条框框所束缚，敢于对上司的话问个'为什么'，勇于冒着风险走进某些'禁区'，这正是一个富有开拓精神的成功者应具备的良好素质。"

案例中，李宏之所以能够获得职位的提升，主要就在于他勇敢地进入了公司的"禁区"。而这个"禁区"其实正是公司对员工的一大考验。敢于进去，就能获得发展机会；不敢推门进入，机遇也只能跟自己擦肩而过。

很多成功之门都是虚掩着的，只有勇敢地去叩开，大胆地走进去，才能探寻出个究竟来。或许，那时呈现在你眼前的真的就是一片崭新的天地。毕竟，勇气是成功的前提。敢于破禁区者，必有意想不到的成功。

罗勃特的生意刚开始后不久，就听说百事可乐的总裁卡尔·威勒欧普要到科罗拉多大学来演讲。他找到专门为总裁安排行程的人，希望能找个时间和他会面。可是，那个人告诉罗勃特，总裁的时间很紧，只能在演讲完后的 15 分钟与他碰面。

于是，演讲的那天，罗勃特来到科罗拉多大学的礼堂外等候。演讲的声音不断从里面传来，罗勃特焦灼不安地在礼堂外徘徊。不知过了多久，他猛然想起，约定的时间已经到了。可是，演讲还没有结束，已经超过预定时间 5 分钟了，也就是说，他和威勒欧普先生会面的时间只有 10 分钟。

"我必须当机立断，做出决定。"罗勃特想。他拿出自己的名片，在背面写下一句话——"你下午 2 点半和杰夫·罗勃特有约会。"

罗勃特深深吸了口气，推开礼堂大门，直接从中间的过道向威勒欧普走去。正在演讲中的威勒欧普看到有人走近，停下话来。罗勃特把名片递给他，随即转身从原路走回。还没走到门边，就听到威勒欧普先生告诉台下听众，说他约会迟到了，谢谢大家来听他演讲，祝大家好运。然后，就向罗勃特这边走来。

威勒欧普看看名片，又看看罗勃特说："我猜猜看，你就是……"结果，他们谈了整整 30 分钟。威勒欧普不惜花费宝贵的时间，告诉罗勃特许多精彩动人的故事，这些故事罗勃特到现在还常常拿出来讲。威勒欧普还邀请罗勃特到纽约去拜访他和他的工作伙伴。不过，罗勃特认为，威勒欧普给他最珍贵的东西，还是鼓励他继续发挥先前那种勇气。威勒欧普说，罗勃特只有具备极大的勇气，才敢进去打断他的演讲，而在商业界，首先需要的就是勇气。

勇气是迈向目标的第一步！在突破困境的道路上，不要总是前怕狼、后怕虎，没有尝试，谈何成功。你的潜意识一直都在行动着，只是有时候被你忽略了，所以总会认为自己不能成功。

在每个人的心里都潜藏着巨大的潜能，而且这种潜能完全能带我们走向成功。可以说，只要你鼓足勇气，就可以打开这个装有无限能量的阀门。

法国心理学家穆尼埃·埃马纽埃尔曾说过："每个人心中都有成为一个成功者的勇气，只不过大多数人太过在乎别人的成功，而忽略了自己的潜意识。"显然，自己的潜意识很重要，因为它关系到自己的成功，关系到自己能否掌控强大的潜能量去改变人生、走向成功。

勇气和潜能是成功的基石。找到心中的勇气，让潜意识得到一个清楚且有意义的目标，就能打开那装有无穷潜能的巨大阀门，就可以通过你的努力实现心中的理想。

意志坚定，方得始终

信念，是一个人将事情做完做好的先决条件。只有在心中坚定信念，才能长期坚持下去，才能在面对困境或挫折的时候百折不挠，才能产生无尽的力量。成功者的案例告诉我们，意志坚定，方得始终。

还记得那个苹果的故事吗？

一位旅行者穿行大漠，遇到了沙暴，更可怕的是装干粮和水的背包都不见了。旅行者翻遍所有的衣袋，只找到了一个泛青的苹果。他感到异常惊喜，攥着那个苹果，深一脚浅一脚地在大漠里寻找着出路。结果，一天一夜过去了，依然没有走出空旷的大漠，饥饿、干渴、疲惫却一起涌了上来。

望着茫茫无际的沙海，旅行者有好几次都觉得自己支撑不住了，可是只要一看到手里的苹果，他就会抿紧干裂的嘴唇，陡然生出许多力量。顶着炎炎烈日，他继续艰难地跋涉。数不清摔了多少跟头，每次他都挣扎着爬起来，踉跄着一点点地往前挪。他心中不停地默念着："我还有一个苹果，我还有一个苹果……"

三天以后，旅行者终于走出了大漠。他宝贝似的攥着那个苹果，久久地凝视着。

在敬佩旅者之余，人们不禁惊讶：一个看似微不足道的苹果，竟然有着如此神奇的力量。

是的，在生命的旅途中，我们常常会遭遇各种挫折和失败，会身陷某些意料之外的困境。这时，只要心头拥有坚定的信念，努力地去找，总会找到帮助自己渡过难关的那"一个苹果"。

在这个世界上，信念这种东西任何人都可以免费获得。所有积累了庞大财富和达到目的的人，最初都是从一个小小的信念开始的。信念是所有奇迹的萌发点，心中蕴含一个信念，并坚持不懈地为之努力，一定会成为笑到最后的人。

罗杰·罗尔斯是纽约的第 53 任州长，也是纽约历史上的第一位黑人州长。他出生于纽约声名狼藉的大沙头贫民窟，这里环境肮脏，充满暴力，到处都是偷渡者和流浪汉。在这儿出生的孩子，由于环境的影响，每个孩子都会逃学、打架、偷窃甚至吸毒；长大后，更无法得到体面的工作。可是，罗杰·罗尔斯却是个例外，他不仅考入了大学，还当上了州长。

在就职的记者招待会上，记者们提了一个共同的问题："是什么把你推向州长宝座的？"面对300名记者，罗尔斯对自己的奋斗史只字未提，仅说了一个非常陌生的名字——皮尔·保罗。后来人们才知道，皮尔·保罗是罗尔斯上小学时的校长。

1961年，皮尔·保罗被聘为诺必塔小学的董事兼校长。当时正值美国嬉皮士流行的时代，他走进大沙头诺必塔小学时，发现孩子们整天都无所事事，不配合老师、旷课、斗殴，甚至还会砸烂教室的黑板。

皮尔·保罗想了很多办法来引导他们，可是没有效果。后来，他发现这些孩子都很迷信，就为课堂增加了一项内容——给学生看手相。结果，经他看过手相的学生，没有一个不是州长、议员或富翁的。

一天，罗尔斯从窗台上跳下，伸着小手走向讲台，皮尔·保罗说："我一看你修长的小拇指就知道，将来你是纽约州的州长。"罗尔斯听了，大吃一惊，因为长这么大，只有他奶奶让他振奋过一次，说他可以成为五吨重的小船的船长。这一次，皮尔·保罗先生竟说他可以成为纽约州的州长，着实出乎他的预料。他记下了这句话，并且相信了它。

从那天起，纽约州州长就像一面旗帜飘扬在他的心间。他的衣服不再沾满泥土，说话时也不再夹杂污言秽语，开始挺直腰杆走路，成了班主席。在以后的几十年里，他每天都按州长的身份要求自己。51岁那年，他真的成了州长。在他的就职演说中有这么一段话，他说："信念值多少钱？信念不值钱，有时甚至还是一个善意的欺骗，可是一旦坚持下来，它就会迅速升值。"

现实中，许多人之所以没有成功，不是因为能力不够、诚心不足、没有对成功的期望，而是缺乏足够坚强的决心。在事业的路途上，只要充分发掘天赋的潜能，就能找到一条迈向成功的大道，否则，永远不会有成功的一天。

有了铁一般的决心，也就给了他人一种信任，暗示着他做事一定会负责，不远处就有成功的希望。拥有坚定的意志力，即使才能平庸，也会有成功的一天；否则，即使是才识超群、能力非凡，也将遭到失败的命运。

永不屈服、百折不挠的精神是获得成功的基础。即使颇有才学，具备成就事业的能力，但缺乏恒心，没有忍耐力，终其一生，也只能从事平庸安稳的工作。一遭遇微不足道的困难与阻力，就往后退缩，裹足不前，怎么可能成功？

成功者，终归都是"疯子"

英国人格雷厄姆·帕克，19岁时第一次接触魔方，就着了魔。这个小小的六面正方体，让他魂牵梦绕，欲罢不能。后来，帕克成了一名建筑工人，成家立业，娶妻生子，但他对魔方的痴迷不仅丝毫未减，反而与日俱增，因为他始终无法让每一面的颜色相同。

为了解开魔方，帕克坚持不懈，每天都要花好几个小时冥思苦想，有时甚至通宵达旦。26年后，45岁的帕克终于成功了。当转完最后一块，看到每一面都是相同颜色时，帕克长舒了一口气，放声痛哭。26年的不懈坚持,终于得偿夙愿,他激动地告诉记者:"我感到了多年未有的轻松,简直无法向你形容这种成功的欣慰!"由于长年累月转动魔方,他的手腕一直受到伤痛困扰。

成功对于很多人都是一种梦想,但成功的人只占微小的比例。成功离不开环境、机遇、意识等因素。更重要的是,成功还要有一种疯狂的执着精神,正所谓"要想成功,必先发疯"。

对于年仅 25 岁的德国乡村医生沃纳·福斯曼来说,这绝对是一次不可理喻的疯狂之举。

这天下午,坐在安静的工作间里,刚成为助理医师的福斯曼打算在自己的身体上做实验,实现心中那个梦寐以求的理想。

实验开始了。福斯曼闭上眼睛,深呼吸,让身体无限放松。接着,他刺破自己左臂肘部的静脉,将一根由无菌橄榄油润滑过的细管缓缓插入。当细管进入静脉半英尺、大约到达肩颈部位时,福斯曼停了下来。他以为自己会感觉到刺痛,或者痛得昏厥过去,但事实是,之前预想的种种糟糕的状况并没有发生。

这是个好兆头。福斯曼笑了笑,再次捻动细管,缓缓深入。这个部位,应该是心脏!随着不断捻动,细管越插越深,最终到达了他希望的部位。那一刻,连他自己都觉得吃惊:细管进入脆弱而敏感的心脏,不仅没有丝毫疼痛,却感受到了一丝如太阳般照耀的暖意。

这太不可思议了!这足以证明:心脏并不像权威专家所说的那般不可触碰,它和身体的其他器官一样也可以做手术。稍稍平复一下激动的心情,福斯曼便带着自己这个"试验品"奔出门,跑到楼下一个配有 X 光机的房间,兴奋不已地冲医师喊:"喂,快给我做扫描,你会看到世界上最美丽的画面!"

很快,片子出来了。这是一张震惊世界的片子——凭着对生命的热爱和对梦想的执着追求，福斯曼成功完成了医学史上的第一例心脏导管术！

出人意料的是，福斯曼的大胆尝试给他带来的不是荣誉和尊重，而是暴风骤雨般的批判和嘲弄。媒体把他的实验称为"疯狂之举"，长篇累牍地大肆报道，顶头上司更是坚决禁止这项实验："这是一个只有上帝才知道是怎么回事的个例。你必须停止你的疯狂之举、愚蠢之举，愚蠢透顶！"好心的同事则警告他：由于他所进行的实验违背了伦理道德，继续胡闹很可能会在监牢中度过一生。

顶着铺天盖地的冷嘲热讽，福斯曼决定再进行一次实验，以证明这不是阴差阳错的个例。他义无反顾的举动，感染了一名年轻的女护士。女护士不想让这个优秀的医生遭受任何意外，便提出做他的"试验品"。如果不接受她的建议，他的实验将很难开展。

福斯曼思来想去，只好同意了女护士的要求。可是，在将女护士绑上手术台之后，意外还是发生了——福斯曼冲着动弹不得的女护士微微一笑，随即刺破自己手臂上的静脉，熟练地插入了细管……

这次实验，同样取得了圆满成功。福斯曼信心满满地宣称：他已制定出了明确的工作目标，要全力优化、改善心脏的诊断方式。不料，整个行业对他的计划置之不理，甚至还给他起了个绰号——"疯子"，他所做的医学实验也被称为"小丑表演"。疯子是不能行医的，没多久，福斯曼便莫名其妙地失去了工作，不得不回到了原来的乡村医院。

那段时间，福斯曼郁郁寡欢，他想到了改行，再不去触摸那些冰冷的金属器械。就在失意之中，他收到了那个女护士寄来的信。信中写道：沃纳·福斯曼，如果你是月亮，就请珍爱静谧的夜空，不要厌倦它……

女护士的话，深深地触动了他的心。于是，福斯曼选择了用心守候。27年之后，早已被人们遗忘的沃纳·福斯曼终于等到了一封来自瑞典斯德哥尔摩的邮件——他获得了当年的诺贝尔医学奖！

无论在什么领域，要想抵达巅峰，没有痴迷到疯狂的劲儿，似乎是不能做到的。

据说，梵高为了画画，曾经有两次过激的行动：一次因为对自己的画作不太满意，就把自己的左耳给割下来了；一次也许是为画画快要崩溃了，自己拿枪结束了自己的生命。

法国浪漫主义文学大师维克多·雨果，据说他在创作时也经常处于亢奋状态，有时甚至到了走火入魔的程度，正因为他能够这样专注自己的所爱，致力于自己的创作，才创作了那么多的作品：《巴黎圣母院》《悲惨世界》《九三年》等。不但扬名当时，流行法国，还名扬全球，流传后世。

用正常的目光来看，上面提到的成功者们，都是世俗里所说的"疯子"。或者，唯有"疯子"才能这样不管不顾地爱他们所爱，执着于他们的执着。

其实，在这个世界，大多数人的智力都没有太大的差别。无论是所谓的"傻子"，还是定义上的"疯子"，亦或者是正常人。为什么人们眼中的"傻子""疯子"更容易成功呢？傻子、疯子都有一个共同点：只关心自己感兴趣的，没有心思、精力考虑其他，更不会考虑到他们这样做的结果、后果。一头栽进自己乐意为之奉献毕生的事业中，几十年为之奋斗不息，想要不成功都难。

而所谓的正常人，通常都有太多的顾虑，心思也太活络。没有做，就考虑结果、后果；没有付出，就想到有多少回报……这样看来，傻子、疯子都不是真正定义上的傻子、疯子，只是他们目标单一，行动全力投入而已。如果想要成功，其实你我都可以做到——专注目标，不计后果地全心付出！

附　录

　　成功，是很多人梦寐以求的东西，有些人甚至做梦都想实现自己的理想、成为别人艳羡的对象。可是，任何事情的成功都需要经历一个过程；在这个过程中，不仅需要技能的掌握，还需要个人能力的提高、素养的完善，缺少了任何一个环节，都会影响到行走的步伐。这本书是作者多年经验的总结，以此为借鉴，并身体力行，就能逐渐提高自己、完善自己！茶余饭后，将下面的语录默背几遍，定能让你重获信心！

　　◇世俗成见代表的是他人的认识和观点，要想让自己有所成，就不能被世俗所左右。

　　◇创造力是一切事物发展的根本，成功的秘诀就在于创造。

　　◇抱怨外界、抱怨他人，只会让自己陷入无休止的不忿中，不断激励自己，才是成就自己的关键。

　　◇成功的过程就是不断奋斗的过程。

　　◇等待孕育着成功，舍得花时间等待的人，才能得到更多的机会。

　　◇既然已经错了，就要主动承担；耍小聪明，最终也会被别人耍。

　　◇沿着正确的方向走，才能到达目的地。

　　◇记住：生命中遇到的所有问题，都是为你特制的。

　　◇每朵花都不一样，不要盲目对比。

　　◇每个人都不一样，他人的理想并不能成为你的目标。

　　◇有时间羡慕他人，不如花时间不断努力。

◇与其妒忌别人，不如多反省自己，扬长避短。

◇只有了解自己，才能知道自己真正适合什么。

◇人生目标，要尽早设立；设立目标，不要鼠目寸光，要将眼光放长远。

◇专注有着极佳的穿透力，让自己做事专注一点。

◇将事情做到极致，才能看见别人看不见的机会。

◇工作就是一种带薪学习。

◇只要改变一下心情，就能改变工作的结果。

◇赶快行动，执行力决定成败。

◇遇到问题，果断处理，方能减少损失。

◇要想获得高成就，就要积极主动。

◇在小事上主动一些，一切都会变得美好起来。

◇一次只做一件事，方可提高做事效果。

◇工作的过程就是一种奖赏。

◇学会说"不"，你的时间才会更自由。

◇将重要的事情安排在前面做。

◇真正的王者都能超越自我。

◇耐得住寂寞，方得始终。

◇多一些忧患意识，就会少一些手忙脚乱。